못 말리는 과학 방송국

못 말리는 과학 방송국

2

기체 발견의 역사

글 정완상 | 그림 임정호

정완상 교수의
신나는
과학사 이야기

살림어린이

머리말

　전기에 대한 연구는 누가 처음 시작했고 어떻게 발전했을까? 우리 주위의 기체는 누가 발견했을까? 수는 어떻게 발견되어 어떻게 발전했을까? 아마도 이런 호기심을 가진 어린이들이 많을 것입니다. 그래서 이 시리즈에서는 과학의 각 주제에 대해서 발견의 역사를 더듬어 보았습니다. 학생들의 이해를 돕기 위해 '뉴스', 'PD 사이언스', '그 과학자가 보고 싶다', '사건 사고 뉴스', '광고' 등을 도입하여 과학 발견의 역사를 쉽게 이해할 수 있게 했습니다. 그리고 마지막에는 과학 시트콤을 통해 과학자들의 업적도 재미있게 알 수 있도록 했습니다.

　저는 KAIST에서 이론물리학을 공부하고 대학에 와서 물리학과 수학을 가르쳐 왔습니다. 그래서 그동안 대학에

서 연구한 내용과 강의했던 내용을 토대로 이 책을 집필하게 되었습니다. 그동안 초등학생들을 위한 많은 과학책을 쓰면서 과학의 역사를 아이들에게 정리해 주고 싶었는데, 마침 이번 시리즈 작업이 좋은 기회가 되었던 것 같습니다. 이 책을 쓰면서 저 자신도 과학의 역사를 제대로 알 수 있었고, 전에는 알지 못했던 새로운 과학자도 만나게 되어 즐거웠습니다.

이 책은 과학 영재를 꿈꾸는 초등학생과 중학생들에게 권하고 싶습니다. 훌륭한 과학자가 되려면 그동안 과학자들은 어떤 일을 해 왔는가를 알아야 합니다. 그래야 미래의 과학자가 될 학생들이 자신은 무엇을 연구해야 할지 알 수 있을 테니까요. 그런 의미에서 이 책이 과학자를 꿈꾸는 많은 어린이들에게 큰 도움을 줄 수 있기를 희망합니다.

　끝으로 이 책을 출간할 수 있도록 배려하고 격려해 준 살림출판사의 강 국장님과 배 팀장 그리고 살림출판사의 모든 식구들에게 감사를 드립니다. 또한 자료 작업과 기타 책 집필에 관계된 자질구레한 일들을 도와준 과학창작동아리 SciCom의 모든 식구들에게 감사드립니다.

진주에서
정완상

차례

머리말 5
과학 방송국이 어떻게 생겼냐고요? 12
'과학 방송국'의 중요 인물들 14

1. 수소는 어떻게 발견되었을까?

뉴스 슈탈, 연소의 수수께끼를 풀다! 17
PD 사이언스 플로지스톤은 질량이 없는가? 21
　　　　　　　　　　　－ 슈탈 vs 뉴턴

뉴스 캐번디시, 폭발하는 플로지스톤 발견 26
그 과학자가 보고싶다 여자가 제일 무서워요 30
　　　　　　　　　　　－ 수소 발견자 캐번디시

시청자 과학 36

2. 산소와 질소를 발견하다!

- 뉴스 러더퍼드, 불이 붙지 않는 플로지스톤 발견 41
- 뉴스 프리스틀리, 산소를 발견하다 45
- PD 사이언스 산소의 최초 발견자는 누구인가? 48
  - 프리스틀리 vs 셸레
- 뉴스 라부아지에, 공기가 질소와 산소로 이루어져 있다는 걸 알아내 54
- 사건 사고 소식 지하철 화재사고, 질식사 한 명도 없어 58
- 광고 질소 채운 과자봉지로 과자를 보호하세요 60
- PD 사이언스 하버의 아내는 왜 자살했는가? 62
- 시청자 과학 69

3. 질량이 보존된다고?

- 뉴스 플로지스톤은 거짓이다! 75
- 그 과학자가 보고싶다 원소 기호를 만들다 81
  - 화학혁명가 라부아지에
- 뉴스 라부아지에, 단두대의 이슬로 사라지다 87
- 시청자 과학 89

4. 화합물 기체를 발견하다

- 뉴스 헬몬트, 이산화탄소를 발견하다　93
- 광고 톡톡 쏘는 사랑의 맛! 탄산음료수　96
- 사건 사고 소식 화재주의 - 방귀에 불붙이면 큰일 난다　97
- 뉴스 베도스, 웃음가스로 사람들을 웃기다　100
- 사건 사고 소식 푸세식 화장실 화재　106
- 시청자 과학　109

5. 할로겐 기체가 뭐예요?

- 뉴스 셸레, 염소 발견의 영광 데이비에게 또 빼앗길 뻔　115
- 사건 사고 소식 크르토와, 요오드 발견　118
- PD 사이언스 23살의 대학생, 브롬 발견　120
- 그 과학자가 보고싶다 불소를 찾는 것이 꿈이었어요　123
  　　　　　　　　　　　　　　　- 앙리 무아상
- 사건 사고 소식 염소 가스, 수많은 인명 학살에 사용　127
- 광고 이제 치아는 불소로 닦으세요　129
- 시청자 과학　130

6. 비활성기체를 찾아내다

- 뉴스 　장센, 헬륨을 발견하다　135
- 뉴스 　레일리, 아르곤을 발견하다　138
- 뉴스 　램지, 아르곤의 친구를 찾아내다　142
- 사건 사고 소식 　조지 웰스 『우주전쟁』 고소당해　144
- 뉴스 　바틀렛, 비활성기체의 화합물 발견　146
- 광고 　파티를 더욱 즐겁게!　148
- 시청자 과학 　149

★ SBC 과학드라마

환상의 칵테일을 만들어라　151

이 책에 나오는 과학자들　188

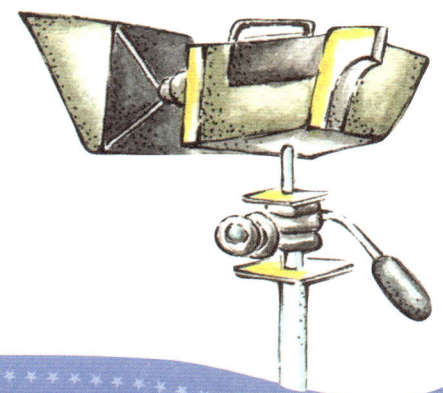

과학 방송국이 어떻게 생겼냐고요?

서기 2040년, 지구의 국가들은 하나의 국가로 통일되었습니다. 그리고 초대 지구대통령이 선출되었습니다. 이때까지만 해도 과학은 눈부신 발전을 이루었습니다.

그러나 서기 2050년, 두 번째 지구 대통령으로 안티싸이가 선출된 후 과학은 위기를 맞이하였습니다.

"과학은 인류의 적입니다. 그러므로 과학을 이 세상에서 영원히 추방하여야 합니다!"

안티싸이는 자신이 과학을 매우 싫어한다는 이유로 과학자를 탄압하기 시작하였죠. 그는 이에 반발하는 각 연방과학자들을 총과 칼로 협박하고, 그럼에도 뜻을 굽히지 않는 과학자들은 다른 은하로 추방하기에 이르렀습니다.

안티싸이의 독재정권 때문에 전 지구에는 과학의 암흑기가 찾아왔습니다. 과학에 관한 자료와 서적들은 불타 없어지고, 과학이론에 관해 연구하거나 가르치는 사람들은 처벌되었습니다.

　안티싸이의 정권이 물러난 이후에도 과학은 여전히 암흑기를 맞고 있었습니다. 과학 자료도 없고 과학을 연구한 사람들도 없었기 때문에 사람들은 매우 우수한 공학기술을 사용하면서도 그것이 어떻게 만들어진 건지 그 원리를 몰랐습니다. 그러던 중 다른 은하나 행성으로 추방당했던 과학자들이 지구로 돌아오고, 지구에는 서서히 과학을 다시 부활시키려는 움직임이 일어나고 있었습니다.

　2100년, 드디어 한 과학자가 대통령이 되면서 '신르네상스 – 과학의 부활' 이라는 새로운 계획을 발표하였습니다. 그 계획의 시작으로 사람들에게 과학을 재미있게 가르쳐 주기 위한 'SBC – 과학 방송국' 이 세워집니다. 이 방송국은 웜홀을 통해 과거의 과학자를 데리고 오거나 특파원을 과거로 보내면서 국민들에게 가장 인기 있는 방송국이 되었고, 국민들은 이 방송을 통해 과학과 친숙해졌습니다.

　자, 이제 시간과 공간을 뛰어넘는 재미있는 과학자들의 방송 속으로 여러분들을 초대합니다.

'과학 방송국'의 중요 인물들

메인 앵커 겸 PD (남)
30대 중반. 점잖지만 간혹 오버를 하는 캐릭터.

와핑 기자 (남)
시공간을 돌아다니며 취재를 하는, 20대의 젊고 끼가 있는 기자. 꽃미남 스타일이며 재치 있는 언변으로 시청자들에게 인기가 있다.

아미슈 (여)
약간 터프한 이미지의 노처녀 사회자로 과학자와의 면담을 재미있게 이끌어 나간다. 간혹 아는 척을 하다가 망신을 당하기도 하고 당돌한 면도 있다.

슈탈, 연소의 수수께끼를 풀다!

— 18세기 초반, 독일

시청자 여러분, 안녕하십니까. 잘생긴 외모, 수려한 말솜씨를 가진 과학 방송국의 앵커입니다.

여러분, 불이 없는 세상을 상상해 보셨습니까? 불은 우리에게 아주 중요한 것이죠. 불이 물질을 태우는 현상을 연소라고 하는데 과연 이 연소 반응은 어떻게 일어나는 것일까요? 이 수수께끼를 독일의 과학자인 슈탈이 풀었다고 합니다. 이 소식을 18세기 초반의 독일 베를린에 가 있는 와핑 기자가 전해 드립니다.

와핑: 안녕하세요. 슈탈 박사님. 종이에 불을 붙이면 왜 타는 거죠?

🧂 슈탈: 난 바쁜 몸이니 짧게 말하겠어요. 모든 물질에는 플로지스톤이라는, 우리 눈에 안 보이는 놈이 들어 있습니다.

🐟 와핑: 플로지스톤? 단어가 너무 어렵군요.

🧂 슈탈: 플로지스톤은 '불에 잘 타는 놈'이라는 뜻입니다.

🐟 와핑: 불타지스톤이라고 하면 더 좋았을 텐데요.

🧂 슈탈: 지금 그걸 농담이라고 하는 겁니까?

🐟 와핑: 웃으라고 한 얘기입니다. 진도 나가지요.

🧂 슈탈: 플로지스톤이 들어 있는 물체를 태우면 불이 잘 붙습니다.

🐟 와핑: 그럼 플로지스톤은 어떻게 되나요?

🧂 슈탈: 타면서 하늘로 날아 올라갑니다. 그리고 플로지스톤이 빠져 나간 물체는 재가 되어 남지요.

그럼 사람이 죽는 것도 플로지스톤 때문인가요?

 맞습니다. 사람을 살아 있게 만드는 것은 바로 플로지스톤입니다. 이것이 몸에서 점점 빠져 나가면서 사람은 늙어 가는데, 모두 빠져 나가면 결국 죽고 말지요.

 드디어 사람이 죽는 과정을 과학적으로 풀어내셨군요. 축하드립니다.

와핑 기자, 수고하셨습니다. 불이 잘 붙게 한다는 플로지스톤이 어떻게 생겼는지 궁금하군요. 앞으로 플로지스톤에 대한 새로운 소식을 신속 정확하게 방송해 드리겠습니다.

> **플로지스톤이란?** 그리스어로서 '불꽃'이라는 뜻이다. 갖가지 일상현상 중에서도 연소현상은 중요하며 화학 등의 기술에서도 가장 흔히 사용되는 방법이었으므로, 이 현상의 설명은 그 당시 학자들의 관심사였다.

플로지스톤은 질량이 없는가?

― 슈탈 vs 뉴턴

PD 슈탈의 플로지스톤 이론이 선풍적인 인기를 끌고 있습니다. 특히 이 이론은 물질이 타는 과정, 사람이 죽는 과정을 과학적으로 분석한 탓에 플사모(플로지스톤을 사랑하는 사람들의 모임)라는 단체도 만들어졌는데, 이들은 플로지스톤 홍보에 적극적으로 나서고 있습니다. 그러던 중 플로지스톤 이론에 결정적인 문제가 있다는 제보가 들어와 본 방송에서는 관련 과학자를 모시고 이 문제를 집중 조명해 보겠습니다.

지금 이 자리에는 플로지스톤의 창시자 슈탈 박사와 만유인력으로 사랑 받는 뉴턴 박사가 나와 있습니다. 먼저 플로지스톤의 문제점을 지적한 뉴턴 박사의 얘기를 들어 보죠. 뉴턴 박사님. 플로지스톤 이론에서

무엇이 문제죠?

뉴턴: 우선 슈탈 박사에게 물어보죠. 철이 녹스는 것도 플로지스톤으로 설명할 수 있습니까?

슈탈: 물론입니다. 상태가 좋은 철은 플로지스톤으로 가득 차 있어 은백색의 광택을 띠고 있지요. 그런데 플로지스톤이 점점 빠져나가면서 녹이 슬기 시작합니다. 그래서 지저분해지는 거지요. 완전히 녹슬면 그것이 바로 철의 죽음입니다.

뉴턴: 하지만 이상하군요. 제 제자의 연구에 의하면 녹슨 철이 원래의 철보다 무겁다고 하던데 말이죠.

슈탈: 뭐가 이상하다는 거죠?

뉴턴: 철에서 플로지스톤이 빠져나갔다면 녹슨 철의 무게는 본래의 무게보다 더 가벼워져야 하는 거 아닌가요?

슈탈: 왜 그래야 하죠?

🧑‍🦱 예를 들어 철의 질량을 10이라고 하고 플로지스톤의
뉴턴   질량을 3이라고 하면 녹슨 철의 질량은 10-3=7이 되
       잖아요? 그러니까 더 가벼워져야죠.

🧑‍🦱 하나만 알고 둘은 모르는군요.
슈탈

🧑‍🦱 내가 뭘 모르죠?
뉴턴

🧑‍🦱 플로지스톤은 음의 질량을 가집니다. 이것은 다시 말
슈탈   하면 10-(-3)=13이 되므로 녹슨 철이 더 무거워진다
       는 뜻이지요.

🧑‍🦱 질량은 음수가 될 수 없습니다.
뉴턴

🧑‍🦱 누가 그래요?
슈탈

🧑‍🦱 물리학에서는 그렇게 정의합니다.
뉴턴

🧑‍🦱 그건 물리학 얘기고 나는 화학자예요.
슈탈

🧑‍🦱 정말 말이 안 통하는 사람이군요.
뉴턴

PD 진정들 하세요. 제 생각으로도 슈탈 박사님이 무리수를 두는 것 같군요. 하지만 워낙 플로지스톤 이론을 믿는 사람들이 많아서 이 토론은 더 이상 진행하지 않는 것이 좋을 것 같습니다. 아무튼 조금은 찜찜하다는 얘기를 시청자 여러분께 드리면서 오늘 방송을 마칩니다.

잠깐!

질량이란? 장소나 상태에 따라 달라지지 않는 물질의 고유한 양으로 접시 저울이나 양팔저울을 사용하여 측정한다.

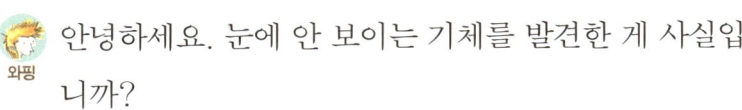

― 1766년, 영국

안녕하십니까? 플로지스톤 이론을 절대적으로 믿는 영국의 한 화학자가 눈에 보이지 않는 기체를 처음 발견했다고 해서 화제입니다. 화제의 주인공은 영국의 물리학자이며 화학자인 캐번디시입니다. 와핑 기자를 보내 자세한 소식을 들어 보겠습니다.

 안녕하세요. 눈에 안 보이는 기체를 발견한 게 사실입니까?

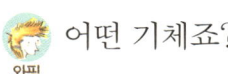 사실입니다.

 어떤 기체죠?

음…… 나는 플로지스톤을 굳게 믿는 사람이라 기체라는 단어보다는 플로지스톤이라는 단어를 사용하고 싶은데…….

 방송 규정상 '기체'라는 단어를 사용해야 합니다.

 알았소. 나는 불에 아주 잘 타는 기체를 발견했소.

 어떻게 발견했죠?

 유리 용기 속에 아연을 넣고 염산을 부었소. 나는 모든 반응에서 눈에 안 보이는 플로지스톤이 나올 거라고 기대했으니까. 그리고 한참 후 유리 용기 안에 공기와 섞인 플로지스톤이 있을 거라고 생각하고 불이 붙은 성냥을 집어넣었는데, 하마터면 죽을 뻔했지.

 왜죠?

 펑 소리가 나면서 유리 용기가 산산조각이 날 정도로 폭발했으니까. 난 말 다했으니 빨리 가 주시오.

우와! 강력한 기체군요.

 강력한 폭발을 하는 플로지스톤이었어.

 정말 대단한 발견입니다. 이상 폭발하는 플로지스톤을 발견한 캐번디시와의 인터뷰였습니다.

방금 들어온 소식입니다. 캐번디시가 발견한 '폭발하는 플로지스톤'은 수소 기체라 부르기로 과학역사협회에서 결정했다고 합니다. 이상 캐번디시가 수소 기체를 처음 발견했다는 소식을 전해 드렸습니다.

수소란? 주기율표 1번인 지구상에 존재하는 가장 가벼운 원소이다. 수소기체는 연소 후 물이 생성될 뿐 오염물질이 만들어지지 않아 무공해연료로 각광을 받고 있다.

여자가 제일 무서워요

— 수소 발견자 캐번디시

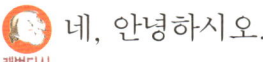 시청자 여러분, 안녕하세요. 오늘 '그 과학자가 보고 싶다'에 모실 과학자는 지난 번 뉴스에서 수소 발견자로 소개되어 큰 화제가 되었던 캐번디시 씨입니다. 원래는 스튜디오로 직접 모셔서 이야기를 해야 하지만 캐번디시 씨의 요청에 의해 화상 통신을 통해 만나 보도록 하겠습니다. 캐번디시 씨, 안녕하세요?

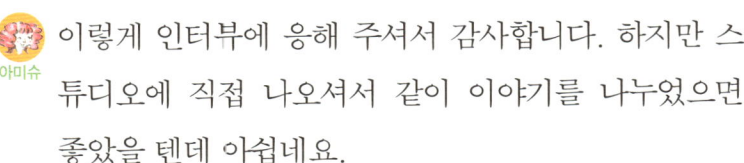 네, 안녕하시오.

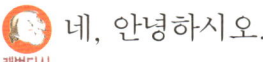 이렇게 인터뷰에 응해 주셔서 감사합니다. 하지만 스튜디오에 직접 나오셔서 같이 이야기를 나누었으면 좋았을 텐데 아쉽네요.

뭐요? 나보고 그 사람 많은 곳에 나가라고? 차라리 하늘의 별을 따슈. 난 사람 많은 곳은 딱 질색이오. 지금 얼굴 보이며 말하는 것도 끔찍한데.

죄송합니다. 간단히 자기소개 좀 부탁드리겠습니다.

이젠 내 소개까지 하라고 하네. 과학 이야기를 하는 곳이 아니었소? 난 과학과 관련된 것이 아니면 이야기하는 걸 싫어하는 사람이오.

네, 죄송합니다. 제가 대신 소개해도 되겠죠? 캐번디시 씨는 1731년 영국에서 태어났습니다. 공작 가문에서 태어난 그는 개인 자산이 1,000억 원이 넘을 정도의 부자이고, 집에 실험실을 설치하여 열심히 과학을 연구하고 있는 과학자입니다. 그런데 학력을 보니 '케임브리지대학 중퇴'라고 되어 있네요. 무슨 문제라도 있었나요?

그야 사람들 앞에서 말하는 게 싫어서 그랬지. 학위를 받으려면 교수들 앞에서 까다로운 질문에 답해야 하는데 내가 그걸 어떻게 하겠소? 차라리 학교를 관두고 말지.

사람들과 말하는 걸 싫어하시나 봅니다.

에휴, 난 사람들에게 말할 용기가 나질 않소. 부끄럽단 말이오. 과학 모임에 갈 때에도 용기가 없어서 한 번에 딱 들어가는 일이 없소.

그렇군요. 그럼 주로 집에서 실험을 하시겠네요.

당연하지! 난 집 안에 만든 내 실험실에 모든 실험 기구를 설치해 두었소. 내가 실험할 때 아무도 방해하지 못하도록 했지.

모든 의사소통을 메모로 한다고 들었는데 사실인가요?

그렇소. 식사 시간이 되면 무엇을 먹었으면 좋겠다고 메모를 항상 남겨 두지.

그런데 하녀 중에 부당하게 해고를 당했다고 주장하

는 분이 계시던데요.

그야 나랑 마주쳤으니까. 난 여자가 제일 무서워. 여자만 보면 무서워서 도망간다오. 그렇다고 집안일을 하는 데 여자를 고용하지 않을 수도 없고. 그래서 전용 계단을 설치했지요.

여자가 무섭다고요? 이건 정말 예전엔 몰랐던 새로운 사실이군요. 그건 그렇고, 이제 화제를 돌려서 그간 연구하셨던 것에 대해 이야기해 보도록 하겠습니다. 이번에 발표한 수소 이외에 어떤 것을 연구하셨나요?

내가 발견한 불에 타는 공기를 가지고 또 무엇을 할 수 있을까 고민해 봤소. 그러던 중 전기 실험을 하는 방법을 알게 되었지. 그래서 플로지스톤과 보통 공기를 용기 속에 넣고 전기로 폭발시켜 봤더니 그 안에 이슬이 맺혀 있는 게 아니겠소?

이슬이라는 게  혹시 물입니까?

물이었소. 그런데 계산해 본 결과 불에 타는 공기

423이면 물을 만들기 위해 208의 보통 공기와 반응을 하더군.

423:208이면 거의 2:1 정도의 비율이군요.

그렇지. 그런데 보통 기체를 모두 제거하기는 꽤 힘들었다오. 분명 다 제거했다고 생각해도 신비로운 작은 거품이 남아 있었기 때문이었소. 이상한 일이지.

네, 아쉽지만 이만 마칠 시간이 되었네요.

이제 끝이오? 입이 바짝바짝 마르는군. 휴~ 난 이만 실험하러 가야겠소.

캐번디시 씨, 인터뷰에 응해 주셔서 감사합니다. 시청자 여러분, 오늘은 영국의 괴짜 과학자 캐번디시 씨를 만나 보았습니다. 즐거운 시간 되셨는지요? 다음에도 좋은 과학자를 모시고 이야기를 나누겠습니다. 안녕히 계십시오.

안녕하세요. 시청자 과학을 진행하는 쿨 레클린입니다. 뭐든지 물어보세요. 22세기 첨단 과학이 낳은 과학 자동 답변기가 친절히 답변해 드리겠습니다.

슈탈 이전에 플로지스톤설을 주장한 과학자가 있나요?

슈탈의 스승인 베허는 "불에 잘 타는 물질 속에는 기름 성질을 가진 흙이 들어 있다"고 주장한 바가 있습니다. 그런데 그것이 바로 플로지스톤이란 단어로 바뀐 것입니다. 그러므로 플로지스톤 이론의 창시자를 베허로 꼽는 사람들도 있어요.

기체라는 말은 누가 처음 사용했나요?

벨기에의 화학자 헬몬트가 17세기 초에 처음 사용했습니다. 그는 모든 물질이 기체, 액체, 고체로 나뉜다는 것을 알아냈지요.

수소라는 단어는 누가 처음 사용했나요?

프랑스의 화학자 라부아지에가 캐번디시가 발견한 폭발하는 플로지스톤을 수소 기체라고 처음으로 불렀습니다.

수소를 만드는 방법에는 어떤 것들이 있나요?

세 가지 방법이 있습니다. 물을 분해하여 수소와 산소를 얻는 것이 첫 번째 방법입니다. 두 번째는 알칼리 금속인 칼륨이나 나트륨 등을 물에 넣어서 수소 기체를 많이 발생시키는 방법인데, 급격하게 수소가 발생하여 폭발을 일으키므로 이것은 매우 위험한 방법에 해당합니다. 마지막으로 세 번째 방법은 아연, 마그네슘 같은 금속에 황산이나 염산과 같은 산을 붓는 것입니다.

러더퍼드, 불이 붙지 않는 플로지스톤 발견

— 1772년, 영국

안녕하십니까? 플로지스톤에 대한 새로운 소식입니다. 캐번디시가 수소를 발견해 특허를 내서 떼돈을 벌었다는 소식이 전해지자 유럽의 화학자들은 너나 할 것 없이 이 새로운 기체 발견에 혈안이 되어 있습니다. 오늘은 영국의 러더퍼드가 불이 안 붙는 기체를 발견했다는 뉴스가 들어와 있는데, 와핑 기자를 불러 자세한 소식을 알아보겠습니다.

 박사님이 발견한 기체는 뭐죠?
와핑

 불 안 붙는 플로지스톤 말인가요?
러더퍼드

 일단 기체라는 단어로 통일하도록 하죠.
와핑

그럽시다. 나도 캐번디시처럼 어떤 반응을 하면 새로운 기체가 나올 거라고 생각했지요. 그래서 공기가 든 용기 속에 쥐를 넣고, 그것이 더 이상 숨을 못 쉬어 죽을 때까지 가두어 놓았어요. 그리고는 죽은 쥐를 용기에서 꺼냈지요. 이제 용기 안에는 동물이 숨을 쉬는 데 필요 없는 기체만 남아 있는 거지요.

 그 기체에는 어떤 성질이 있죠?

 나는 이 기체 속에 불이 붙은 성냥을 던져 보았어요.

 폭발했나요?

 폭발하기는커녕 '픽' 소리를 내며 불이 꺼지더군요.

 우연히 그런 거 아닌가요?

 수십 번도 더 해 봤어요. 그때마다 항상 불은 픽 하며 꺼지더군요. 그래서 나는 이 기체에 '불 안 붙는 기체'라는 이름을 붙였지요.

수소는 폭발성이 있고 이 기체는 불이 잘 안 붙는 성질이 있군요.

 그런 셈이죠.

 지금까지 불이 안 붙는 기체를 처음 발견한 러더퍼드의 실험실에서 와핑 기자였습니다.

프리스틀리, 산소를 발견하다

– 1774년, 영국

오늘은 플로지스톤 연구의 최대 업적으로 손꼽힐 만한 뉴스가 들어와 있습니다. 바로 산소가 발견되었다는 소식인데, 이 기체를 발견한 사람은 영국의 화학자 프리스틀리입니다. 자세한 소식을 와핑 기자가 전해 드리겠습니다.

 산소를 발견하신 것을 축하드립니다.

 감사합니다.

 그런데 산소는 어떤 기체죠?

 물질이 타는 것을 도와주는 기체입니다. 그리고 우리가 숨을 쉬는 데 필요한 기체이기도 하지요.

놀라운 기체군요. 어떻게 발견하셨습니까?

 밀폐된 용기에 산화수은을 넣고 볼록렌즈로 햇빛을 모아 그것을 가열했어요. 그 후 다 꺼져 가는 촛불을 집어넣었더니 촛불이 활활 타올랐죠.

 촛불이 타는 것을 산소가 도와준 것이군요. 그런데 쥐 실험은 안 하셨나요?

 당연히 해 보았지요. 보통 공기가 있는 상자와 산소만 있는 상자에 각각 쥐를 넣었는데 산소만 있는 상자의 쥐가 훨씬 오래 살더군요.

 그렇군요. 그 산소라는 기체를 한 번 들이마셔 보고 싶네요.

 나는 마셔 봤지요. 폐 속이 아주 깨끗해지는 그런 느낌이었어요.

 이상 매혹적인 기체인 산소를 발견한 프리스틀리 씨와의 인터뷰였습니다.

산소의 최초 발견자는 누구인가?

— 프리스틀리 vs 셸레

프리스틀리의 산소 발견 뉴스가 나간 후 우리는 한 제보자로부터 산소의 진짜 발견자가 따로 있다는 제보를 받았습니다. 제보자의 주장에 따르면 스웨덴의 셸레가 프리스틀리보다 먼저 산소를 발견했다고 합니다. 그래서 'PD 사이언스'에서는 산소의 진정한 발견자를 찾기 위해 셸레와 프리스틀리를 이 자리에 모셨습니다. 먼저 프리스틀리 씨, 당신은 어떻게 산소를 발견했나요?

전 지름 12cm인 렌즈로 햇빛을 모아 산화수은을 고온으로 가열했어요. 물론 밀폐된 용기 안에서 실험을 했죠.

셀레: 잠시만요, 산화수은이라고 했소? 나도 그 방법을 썼는데? 난 그 방법을 써서 불 공기를 발견했다오.

프리스: 불 공기? 플로지스톤이 아니라?

셀레: 불이 잘 붙으니 난 불 공기라고 불렀을 뿐이라오. 플로지스톤이 맞소.

PD: 일단 불 공기라는 용어 대신 산소라는 용어를 사용해 주십시오.

프리스: 네, 산소라고 해 둡시다. 용기 안에 산소의 성질을 알아보기 위해 다 꺼져 가는 촛불을 집어넣었더니 활활 타올랐어요.

셀레: 나도 마찬가지였다오. 어떻게 내가 했던 실험이랑 이렇게 똑같을 수가 있는 거요?

프리스: 난 그 실험이 끝이 아니었어요. 쥐도 그 안에 넣어 실험해 보았지요! 보통 공기 속의 쥐랑 산소 속에 사는 쥐를 비교해 봤는데 공기 속의 쥐는 15분 살고 산소

속의 쥐는 45분 정도 살더군요.

셀레: 산소가 목숨도 연장해 주는군. 그건 전혀 몰랐소.

프리스: 셀레 당신은 불 잘 붙는 성질만 연구했군요. 쯧쯧, 그건 과학자의 자세가 아니지! 어쨌든 난 산소를 1774년에 발견했고, 라부아지에에게 가서 그것을 말해 주었지요.

셀레: 뭐, 1774년? 나보다 3년 느렸군. 난 1771년에 발견했단 말이오.

프리스: 설마…… 내가 발견한 당시 아무도 산소에 대해 발견했다는 말은 못 들었는데?

셀레: 증거가 있소. PD님, 이것이 증거자료요.

PD: 네, 셀레가 쓴 책이군요. 여기 보니 1771년에 산소를 발견했다고 나오네요. 산소 외에도 많은 것을 발견하셨네요. 연도들을 보니까 최초 발견이 될 만한 것들도 많은데…… 왜 이런 사실들이 잘 알려지지 않은 거죠?

이게 다 출판사와 베리만 때문이오! 우리가 책을 내려면 유명한 과학자가 서문을 꼭 써 줘야 하오. 그런데 스웨덴의 유명한 과학자인 베리만이 내 책의 서문을 1777년이 되도록 써 주지 않아서 결국 책 발간이 늦어졌던 것이라오. 출판사에게 따지니 베리만이 서문을 늦게 쓸 줄은 몰랐다고 하고, 베리만에게 따지니 출판사가 천천히 써도 된다고 해서 그랬을 뿐이라고 하며 서로 책임을 미루지 뭐요.

 하지만 적극적으로 발표하셨을 수도 있으셨을 텐데, 왜 그렇게 하지 않으신 거죠?

 그야 난 약제사 조수에 불과했고, 그래서 아무도 내 말을 믿어주지 않으니 그랬던 것뿐이라오.

 아무리 그래도 자신이 발견한 새로운 것은 적극적으로 발표했어야죠. 날 봐요. 난 당장 라부아지에에게 달려가 내가 발견한 것을 이야기해 주었잖아요.

 난 책이 빨리 나올 줄 알았단 말이오. 정말이지 책만

믿고 있었다오. 책이 나오면 모든 게 다 잘될 거라고 생각했는데 결국 그것이 내 인생 최대의 실수가 되고 말았으니…… 아, 너무 슬프오.

PD 먼저 발견하는 것도 중요하지만 그것을 적극적으로 발표하는 것도 중요합니다. 안 그러면 자신의 공로가 묻혀 버리니까요.

셸레 그러게 말이오. 왜 난 발견만을 중시했는지……. 이렇게 될 줄 몰랐소. 난 아마 세상에서 가장 불운한 과학자일 거요.

PD 과연 누구를 산소의 최초 발견자로 인정해야 할까요? 저희 'PD 사이언스'에서는 셸레를 최초의 산소 발견자로 결정했습니다. 이상 'PD 사이언스'를 마치겠습니다.

뉴~스

라부아지에, 공기가 질소와 산소로 이루어져 있다는 걸 알아내

— 1780년, 프랑스

우리 주변의 공기는 오직 산소로만 이루어져 있을까요? 공기의 정체를 알아내기 위해 그동안 여러 과학자들이 머리를 쥐어뜯었는데 대머리가 되기 직전이 되어서야 겨우 그 비밀을 풀어냈다고 합니다. 1780년 프랑스 파리에 있는 와핑 기자가 라부아지에를 만나 자세한 소식을 전해 드립니다.

와핑: 흠, 역시 18세기의 공기는 상쾌해요. 하지만 여러분, 공기는 산소로만 이루어져 있을까요? 공기의 신비를 풀기 위해 라부아지에를 주축으로 한 여러 과학자들이 연구를 했다고 합니다. 그럼 여기에서 라부아지에를 만나 보겠습니다.

🧑 라부아
만나서 반가워요. 먼 길 오시느라 피곤하실 텐데 차를 대접할게요. 마리, 차 좀 준비해 줘.

🐲 와핑
아이고, 괜찮습니다.

🧑 라부아
차 한 잔의 여유도 괜찮죠. 허허. 그런데 무슨 일로 오셨나요?

🐲 와핑
공기에 대한 질문을 하려고 합니다. 공기는 산소로만 이루어져 있습니까?

🧑 라부아
아니요, 공기는 여러 기체들로 이루어져 있어요.

🐲 와핑
어떤 기체들로 구성되어 있습니까?

🧑 라부아
이를테면 질소와 산소로 구성되어 있지요. 하지만 질소와 산소가 얼마 정도의 비율을 이루고 있느냐로 꽤 시끄러웠답니다.

🐲 와핑
왜 시끄러웠다는 겁니까? 당신 혼자서 알아낸 사실이 아니었습니까?

물론 저 혼자 알아낸 거죠……라고 말하고 싶지만 사실은 아니에요. 영국에 있는 프리스틀리와 스웨덴에 있는 셸레와 연락하면서 알아낸 사실이랍니다.

둘 중 더 큰 기여를 한 사람은 누구입니까?

셸레예요. 공기에 산소 외에 질소가 있다고 알려 주었거든요. 그래서 실험한 끝에 질소는 80%, 산소가 20%임을 알아냈지요.

네, 좋은 말씀과 맛있는 차에 감사드립니다. 이로써 공기는 질소와 산소가 섞인 혼합물이라는 것을 알게 되었습니다. 이상 프랑스 파리에서 와핑이었습니다.

　와핑 특파원. 저도 마리의 맛있는 차 한 잔을 마시고 싶네요. 어쨌든 공기는 순수한 한 가지 기체가 아닌, 질소와 산소로 이루어진 혼합 기체였군요. 앞으로도 발 빠르고 정확한 소식 전해 드리겠습니다. 이상 SBC의 잘나가는 앵커였습니다.

지하철 화재사고, 질식사 한 명도 없어

　어제 저녁 7시경 신르네상스 공화국의 수도 다빈치시티의 지하철 3호선에서 화재가 발생했습니다. 이 사고로 갑자기 역 안이 정전이 되어 많은 승객들이 출구를 찾지 못해 질식으로 고생할 뻔했는데 한 승객의 도움으로 모두 안전하게 구조되었다고 합니다.

　이름을 밝히기를 꺼리는 20대의 이 젊은 과학도는 화재가 발생하여 지하철이 멈추자 큰 소리로 "여자분들은 핸드백 안의 물건을 버리고 핸드백을 닫으세요. 그리고 남자분들은 점퍼를 닫아 공기를 가득 채운 다음 위아래를 묶으세요"라고 소리쳤습니다. 모든 승객들은 청년의 말을 따랐고 결국 화재로 역 안의 산소가 점점 부족해지자 젊은

과학도의 지시대로 여자 승객들과 남자 승객들은 각각 핸드백 안과 점퍼 안에 저장해 둔 공기 속의 산소를 조금씩 마시면서 탈출에 성공했다고 합니다. 시청자 여러분들께서도 화재가 발생하면 이 방법으로 맑은 공기를 저장해 두세요. 이상 '사건사고 소식'이었습니다.

광고

질소를 채운 과자 봉지로 과자를 보호하세요

과자 공장을 위한 희소식이 있습니다.

지금까지는 과자를 종이에 포장해 왔지요? 먹던 과자 봉지를 닫아 두었다가 며칠 후 다시 꺼내 먹으려고 했을 때 과자 상태는 어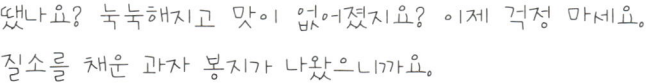
땠나요? 눅눅해지고 맛이 없어졌지요? 이제 걱정 마세요. 질소를 채운 과자 봉지가 나왔으니까요.

질소를 채운 봉지 속의 과자는 상하지 않아요. 왜냐고요? 과자가 상하는 이유 중 가장 흔한 것은 공기 중의 산소와 음식물이 반응하여 음식물이 변질되거나 음식물 속에 미생물이 산소를 이용해 번식하기 때문이에요. 그러나 봉지 안에 질소를 채워 넣으면 이러한 것들이 봉지 안으로 못 들어오지요. 게다가 질소는 음식물과 잘 반응하지 않아서 과자를 변질시킬 염려도 없답니다. 어때요? 이제 과자 걱정 끝! 과자 봉지엔 질소를 채우세요.

하버의 아내는 왜 자살했는가?

 공기 중의 질소를 암모니아로 만들 수 있는 기술을 발견하여 1918년 노벨화학상을 받은 유대인 출신의 독일 과학자 하버. 그러나 돈과 명예를 쥔 그의 뒤에는 슬픈 비밀이 숨어 있습니다. 바로 아내인 클라라의 죽음인데요, 그녀의 죽음은 단순한 자살이 아니었습니다. 'PD 사이언스', 이번 시간에는 클라라가 왜 자살을 선택하였는가에 대해 이야기해 보겠습니다. 와핑 기자, 안녕하세요.

 안녕하세요.

 그간 과거의 독일 과학자들을 만나러 다니느라 고생이 많으셨을 텐데 방송국으로 오랜만에 돌아온 기분이 어떤가요?

 항상 과거의 풍경들만 보다가 갑자기 현대식 풍경을 보니까 적응이 안돼요. 왜 과거의 과학자들이 방송국에만 오면 이상한 반응을 보이는지 이해가 되네요.

 오늘은 무거운 주제로 이야기를 나눠야 하니 조금 부담스러우시겠네요.

 아무래도요. 게다가 세계대전 중에 취재를 다녀와야 해서 스파이 아니냐고 어찌나 의심들을 많이 하는지…… 휴~ 그래도 시청자 여러분들을 위해 이 와핑이 열심히 뛰어 취재했습니다.

 감사합니다. 본격적으로 진행해 보도록 하죠. 하버의 아내 클라라는 어떤 사람입니까?

 클라라는 부유한 가정에서 태어난 유대인이었습니다. 그녀는 화학에 관심이 많았지만 그 당시 브레슬라우 대학은 여학생을 입학시키지 않았죠. 하지만 그녀는 좌절하지 않고 독학과 강연을 다니며 화학을 공부했

습니다. 1895년 브레슬라우 대학이 여학생에게도 입학을 허가하겠다고 결정한 후에야 그녀는 대학에 입학할 수 있었고 최초의 여성 박사가 되었습니다.

왠지 퀴리 부인 같은 느낌이 드네요.

그렇죠? 클라라는 남편인 하버도 이 대학에서 만났습니다. 하버와는 대학 다닐 때부터 서로 좋아하는 사이였지만 결혼을 하는 것은 좀 망설였지요. 부모님의 반대도 있었고 클라라도 공부를 더 하고 싶은 욕심이 있었기 때문이었습니다. 하지만 약 10년 후 하버는 "화학자 부부로서 함께 연구실에서 일하자"며 다시 한 번 청혼을 했고, 그래서 클라라는 결혼을 결심하게 되었습니다.

정말 퀴리 부인 같네요. 그럼 하버와 클라라도 퀴리 부부처럼 같이 화학 연구에 힘썼겠죠?

불행히도 그건 아니었습니다. 하버가 유명해지고 똑똑한 학생들이 몰려오자 그는 클라라에게 연구실에서 일하는 것을 그만두게 하였죠. 그리고 점점 클라라에 대한 하버의 관심도 떨어졌습니다.

그래서 클라라는 전업주부로 살았나요?

아닙니다. 화학에 대한 열정은 아직 남아 있어서 그녀는 일반인에게 화학을 강의하는 강사로 활동하였습니다. 그러던 중 베를린으로 이사하게 된 것입니다. 베를린에 가서도 클라라는 불행할 수밖에 없었습니다. 집안 일을 하고 연구소 직원들을 돌봐야 했으며 가끔씩 공식적인 자리에 하버의 아내로 참가해야만 했으니까요.

꼭 날고 싶어 하는 새를 새장에 가둔 것 같은 느낌이 드네요. 그게 전부입니까?

더 있습니다. 남편의 연구소가 전쟁 지원 임무를 맡게 된 사건이 있습니다. 클라라는 그 당시 평화운동에 동참하고 있었는데, 그러니 남편이 전쟁 지원 임무의 책임자라는 사실이 영 못마땅했죠. 그래서 하버가 무기 연구, 특히 독가스 연구를 하는 것을 반대했습니다.

독가스를 개발하는 것은 과학의 본질에 어긋나는 것이라고 하면서요.

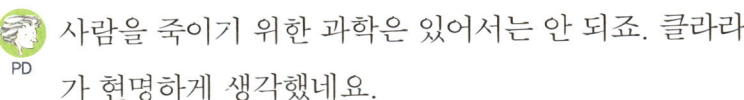 사람을 죽이기 위한 과학은 있어서는 안 되죠. 클라라가 현명하게 생각했네요.

클라라의 생각을 받아들였다면 좋았을 텐데 안타깝게도 하버는 오히려 이상적인 동기만으로 전쟁을 방해하고 그로 인해 독일이 위험에 빠지면 안 된다고 클라라를 비난했습니다. 클라라는 포기하지 않고 하버를 설득하려고 애썼지만 하버는 말을 듣지 않았죠. 결국 하버는 1915년 4월 22일 최초의 가스 공격에 동참하였고 그것이 큰 성공을 거두자 독가스 개발의 중심 인물로 찬사를 받게 되었습니다. 하버가 전쟁 승리의 주역으로 떠오르자 클라라는 더 이상 견딜 수 없어서 결국 긴 유서를 남긴 채 자살하고 말았습니다.

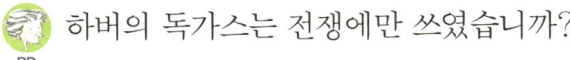 하버의 독가스는 전쟁에만 쓰였습니까?

 독가스는 전쟁 무기로뿐 아니라 유대인 학살에도 사용

되었습니다. 이 독가스의 이름은 자이클론B인데, 독일인들은 아우슈비츠에서 유대인들을 샤워장에 몰아넣고 물 대신 자이클론B를 뿌려 많은 유대인들을 죽였죠.

참 아이러니하군요. 하버와 클라라도 모두 유대인 아닙니까? 결국 하버는 자신의 친척들을 죽인 거나 마찬가지네요.

보통 그렇게 생각하지만 하버는 자신이 철저한 독일인이라고 믿고 있었습니다. 그래서 독일에 충성하였던 것이죠. 하지만 결과적으로는 그 역시 유대인이었기에 나치 정권에 의해 독일에서 쫓겨나 비참한 죽음을 맞이하게 됩니다.

 네, 와핑 기자. 전쟁 속에서 정보를 알아 오기란 쉽지 않았을 텐데 깊은 정보를 알려주어서 감사합니다. 우리는 하버와 클라라를 보고 많은 것을 느낄 수 있습니다. 그중 가장 중요한 것은 과학의 근본이 무엇인지, 또 근본을 거스르면 어떻게 되는지에 대해 생각해 보는 일일 것입니다.

시청자 과학

안녕하세요. 시청자 과학을 진행하는 쿨레클린입니다. 뭐든지 물어보세요. 22세기 첨단 과학이 낳은 과학 자동 답변기가 친절히 답변해 드리겠습니다.

공기를 연구한 역사를 간단하게 정리해 주세요.

공기가 물질이며 무게를 갖고 있다는 것을 처음으로 밝힌 사람은 갈릴레이이고, 우리의 생명을 유지하는 데 중요한 역할을 한다는 사실을 실증한 것은 괴리케입니다. 또, 영국의 의사 메이오는 공기가 화학적으로 활성인 부분과 그 밖의 부분으로 이루어져 있음을 알아내고, 활성인 부분을 '불의 공기'라 했지요.

이 생각은 프리스틀리, 셸레를 거쳐 1774년 라부아지에에 의해 공기가 산소와 질소로 이루어져 있음을 밝히는 근원이 되었어요. 공기의 조성이 일정하다는 사실은 캐번디시, 게이뤼삭에 의해 확인되었고, 1894년경 레일리, 램지에 의하여 공기 속에 아주 적은 양의 아르곤이 있다는 것이 알려졌어요.

산소와 질소라는 이름은 누가 붙인 거죠?

수소, 산소, 질소와 같은 이름은 거의 대부분이 라부아지에가 붙인 것이랍니다.

과자 봉지에 질소 말고 다른 기체를 넣어도 되나요?

과자 봉지 자체에 공기가 들어가지 않도록 하는 방법도 있어요. 즉, 과자 봉지 안을 진공 상태로 만드는 방법인데 감자칩처럼 부서지기 쉬운 과자류의 포장에는 이 방법이 쓰이지 않는답니다. 진공으로 만들 경우 안의 내용물이 대기압에 눌려 부스러지기 때문이지요. 하지만 질소로 봉지 안을 채울 경우에는 봉지 안의 압력이 높아져 대기압에 눌리지 않고, 따라서 내용물이 부서지는 것도 막을 수 있어요.

질소 외에도 음식물과 잘 반응하지 않는 기체로는 아르곤, 네온, 헬륨 같은 것들이 있어서 이 기체들을 질소 대신 과자 봉지에 넣을 수도 있지만, 이것들은 가격이 너무 비싸다는 단점이 있답니다. 그래서 공기에서 쉽게 얻을 수 있는 질소를 과자 포장에 사용하는 것이지요.

밀폐된 방에서 불을 태우면 어떤 점이 위험할까요?

밀폐된 방에는 제한된 양의 공기가 있습니다. 그러므로 산소의 양 또한 제한되어 있지요. 이런 곳에서 물질을 태우면 물질과 산소가 화합하면서 점점 산소의 양이 줄어듭니다. 물론 창문이 있다면 그것을 열어 충분한 산소를 다시 공급할 수 있지만 유리창이 없는 방에서 문을 닫은 채 물질을 태우면 산소의 양이 점점 줄어들고, 따라서 사람이 숨을 쉴 수 없게 되면서 생명이 위험해질 수 있습니다.

보통 화재 현장에서 많은 사람들이 죽는 이유는 여러 물질들이 불에 타면서 제한된 양의 산소를 빼앗아 가고, 그 때문에 사람들이 숨을 쉬지 못해서이지요. 그래서 지하철 화재에서 탈출한 사람들에게는 산소 공급이라는 응급조치를 취하는 것이랍니다.

플로지스톤은 거짓이다!

- 1789년, 프랑스

시청자 여러분, 슈탈의 플로지스톤설을 보도한 게 엊그제 같은데 플로지스톤설은 거짓이라고 주장하는 과학자가 나타나 화제입니다. 바로 프랑스의 유명한 과학자인 라부아지에인데요, 그는 "연소와 산화는 모두 자연성 물질과 산소의 결합이다"라는 주장과 함께 '질량보존의 법칙'도 발표했다고 합니다. 자세한 소식을 1789년 프랑스 파리에 나가 있는 와핑 기자가 전해 드립니다.

와핑: 거의 100년간 화학자들이 믿었던 슈탈의 플로지스톤설. 그러나 이 플로지스톤설을 부정하는 책이 나와 과학자들이 큰 충격에 휩싸였습니다.

"세상에, 플로지스톤을 부정하다니! 정말 충격적이었어요. 우리가 믿었던 것이 거짓이었단 말입니까? 말도 안돼요."

"뭐라 반박할 수 없었어요. 오히려 플로지스톤이 거짓이라는 게 명백하게 증명되었지 뭐예요."

이렇듯 과학자들이 충격을 받았지만 인정할 수밖에 없었다는 이론은 바로 라부아지에가 쓴 『화학원론』에 나와 있습니다. 그런데 이게 플로지스톤과 무슨 관련이 있을까요? 전 플로지스톤도 잘 이해하기 힘들던데……. 아무튼 이번 사건의 주인공 라부아지에를 직접 만나 인터뷰해 보겠습니다. 라부아지에, 안녕하세요?

네, 안녕하십니까. 반갑습니다.

이번에 발표하신 책 내용을 설명해 주시겠습니까?

간단히 말하자면 연소와 산화는 모두 물질과 산소의 결합이고 반응 전후의 질량은 항상 보존된다는 겁니다.

플로지스톤설과 두 가지 이론은 무슨 관련이 있는 건가요?

 플로지스톤설에 의하면 반응 전보다 반응 후의 질량이 가벼워야 합니다. 왜냐하면 물질이 타면서 플로지스톤이 빠져 나갈 테니 말입니다. 그런데 금속의 경우에는 오히려 반응 후의 질량이 더 무거워지는데, 플로지스톤설로는 이를 설명하는 것이 불가능했습니다. 하지만 제 이론으로는 이러한 현상을 충분히 설명할 수 있습니다.

 오, 어떻게 말입니까?

 처음에 전 다이아몬드를 태워 보았습니다. 그랬더니 다이아몬드가 태우기 전보다 더 무거워지더라고요. 그래서 저는 '연소 반응은 플로지스톤이 빠져나가는 것이 아니라 공기 속에 질량을 가진, 어떤 눈에 보이지 않는 기체와 결합하는 것이다'라고 어렴풋이 짐작하게 되었지요. 그런데 1774년 영국의 프리스틀리라고 하는 과학자가 저에게 찾아와 자신이 발견한 플로

지스톤에 대해 말해 주더군요. 그 이야기를 들은 전 그것이 플로지스톤이 아니라 물질이 연소할 때 결합되는 기체일 것이라고 확신하게 되었습니다! 전 그 기체에 산소라는 이름을 붙였습니다.

호오, 그럼 질량보존의 법칙은 어떻게 아셨죠?

이 실험 장치로 실험해서 알게 되었어요.

신기한 실험장치군요. 어떤 실험을 하셨나요?

우선 반응 전의 물질이 들어 있는 유리 용기의 질량은 '주석의 질량 + 공기 질량 + 유리 용기'의 질량이라 할 수 있겠지요? 여기서 주석을 태웠더니 주석의 질량이 무거워진 대신에 공기가 들어 있는 유리 용기의 질량은 줄어들었습니다. 그런데 탄 주석과 반응 후 유리 용기 질량을 더하면 반응 전의 유리 용기 질량과 거의 같습니다. 한마디로 공기 속에 있던 산소가 주석과 결합한 것이죠!

정말 대단하십니다!

 별 말씀을! 쑥스럽게…….

 오늘 인터뷰에 응해 주셔서 감사합니다. '불이 물질과 산소를 만나게 한다'니 뭔가 낭만적이기도 합니다. 허허. 어쨌든 라부아지에의 두 이론은 과학사에 큰 기여를 할 것입니다. 이상 18세기 후반 프랑스 파리에서 와핑이었습니다.

여러분, 전에 슈탈이 '플로지스톤은 음의 질량을 가졌다'는 황당무계한 이야기를 했던 것을 기억하십니까? 이제 진실을 찾아냈군요. 라부아지에의 질량보존의 법칙! 화학 혁명이라고 해도 과언이 아닐 것입니다. 오늘따라 제 가슴이 다 두근두근하네요.

원소 기호를 만들다

– 화학혁명가 라부아지에

 시청자 여러분, 안녕하세요. 오늘 '그 과학자가 보고 싶다'에 모실 과학자는 플로지스톤설을 깨고 질량보존의 법칙을 발표함으로써 화학사의 큰 이슈를 낳은 라부아지에입니다. 라부아지에, 안녕하세요?

 안녕하세요.

 스튜디오가 신기하신가 봐요. 계속 두리번거리시네요.

 여기를 스튜디오라고 하는군요. 방도 아닌 것이 있을 건 다 있네요. 허허. 우리 집도 이렇게 꾸밀 수 있으려나?

🌸 이렇게 꾸미려면 돈이 좀 많이 들 거예요.
아미슈

🐑 상관없습니다. 전 돈이 많거든요. 모자라면 국민들에게 세금을 더 걷으면 그만이고.
라부아

🌸 세금을 더 걷다니, 왕족이세요?
아미슈

🐑 왕족은 아니고요, 정부를 대신해 세금을 거두는 회사의 간부랍니다. 국민들의 세금 일부를 떼어 제 월급으로 받지요.
라부아

🌸 세금은 일 년에 일정량 이상 못 걷지 않나요?
아미슈

🐑 그건 상관없어요. 세금은 필요할 때마다 걷는 거죠.
라부아

🌸 이상한 제도군요. 어쨌든 화제를 바꿔서, 과학을 하시게 된 계기는 무엇인가요?
아미슈

🐑 과학이 좋았어요. 사실 아버지가 유명한 변호사이셔서 아버지를 따라 법률 공부를 했지만 난 과학이 더 좋았어요. 제 꿈은 과학아카데미의 회원이 되는 것이
라부아

었어요.

과학아카데미는 무엇인가요?

최고의 과학자들만이 들어갈 수 있는 과학연구단체에요. 모든 과학자들이 그 곳의 회원이 되는 게 꿈일 정도죠. 전 25살에 그곳에 들어갈 수 있었어요.

정말 대단하시네요.

당연하죠, 난 천재니까. 하하!

제가 들고 있는 『화학원론』에 보면 다양한 그림들이 있는데, 이것들은 전부 당신이 그린 건가요?

아니요, 그건 제 사랑스러운 아내 마리가 그린 그림들이랍니다. 오, 나의 마리.

사모님께서 그림을 참 잘 그리시네요.

그림뿐만 아니라 영어를 배워 내 논문을 영어로 옮겨 주었고, 실험 결과를 기록해 주기도 했어요. 얼마나 사랑스러운지!

 사모님하고 언제 결혼하셨죠?

 제가 28살 때인 1771년에요. 마리는 우리 회사 경영자의 딸이었죠. 다행히 마리의 아버지는 우리 결혼을 허락해 주었어요. 그때 당시 마리는 14살의 작고 예쁜 소녀였답니다.

 14살이요? 너무 어린 거 아닌가요?

 14살이면 한참 예쁜 나이인데 뭐가 어려요?

 아무리 그래도 14살 차이에다가 14살의 어린 소녀라면…….

 모르는 소리! 원래 사랑은 나이나 국경, 시대도 모두 초월한답니다. 그런 식으로 말하지 마세요!

 제가 말실수를 한 것 같네요. 죄송합니다. 다시 『화학원론』에 대해 이야기를 나누겠습니다. 『화학원론』에

서 당신은 질량보존의 법칙 이외에 원소표에 대해서도 서술하셨네요. 자세하게 얘기해 주세요.

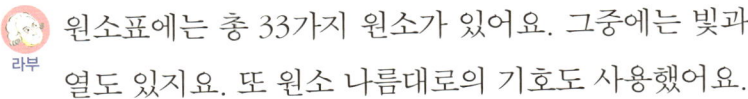
원소표에는 총 33가지 원소가 있어요. 그중에는 빛과 열도 있지요. 또 원소 나름대로의 기호도 사용했어요.

오, 정말 간단하게 원소를 표현할 수 있겠어요!

그렇죠? 이 원소표로 인해서 그간 화학사에서 큰 장애가 되었던 4원소설이 사라졌어요. 오, 내가 생각해도 난 너무 대단한 것 같아.

네, 말씀 잘 들었습니다. 어느새 '그 과학자가 보고 싶다'를 마칠 시간이 되었네요. 라부아지에, 먼 길 와 주셔서 감사합니다.

시청자 여러분, 유익한 시간 되셨나요? 다음에도 좋은 과학자를 모시고 이야기를 나누겠습니다. 안녕히 계십시오.

라부아지에, 단두대의 이슬로 사라지다

— 1794년, 프랑스

　시청자 여러분께 참으로 충격적이고 슬픈 소식을 전해야 할 것 같습니다. 화학혁명가로 이름을 날린 과학자 라부아지에가 1794년 5월 8일 단두대의 이슬로 사라졌다는 소식입니다.

　1793년, 프랑스에서는 혁명이 일어나 왕이 주인인 나라에서 국민들이 주인인 나라로 바뀌었습니다. 이때 그간 국민들을 못살게 굴었던 왕과 귀족을 사형시켰는데 그중 라부아지에도 포함되어 있었다고 합니다.

　라부아지에의 아내인 마리는 앙투안 푸르크루아 등 동료 과학자들에게 라부아지에가 살 수 있게 도와달라는 편지를 보냈지만 모두들 자신도 죽을 것이 두려워 아무

것도 하지 않았다는군요. 정말 의리 없는 동료들이네요. 비록 라부아지에는 죽었지만 그의 업적은 사라지지 않을 것입니다.

{ 안녕하세요. 시청자 과학을 진행하는 쿨 레클린입니다. 뭐든지 물어보세요. 22세기 첨단 과학이 낳은 과학 자동 답변기가 친절히 답변해 드리겠습니다. }

질량보존의 법칙을 좀 더 쉽게 알려주세요.

볼트와 너트를 이용하여 질량보존의 법칙을 설명해 보죠. 볼트가 철, 너트가 산소라고 생각해 볼까요? 그러면 너트가 끼워진 볼트는 녹슨 철(산화철)이 되지요. 그럼 볼트와 너트의 질량을 각각 재어 보세요. 그리고 너트를 끼운 볼트의 질량도 재어 보세요.

그러면 다음 식을 얻을 수 있습니다.

볼트의 질량 + 너트의 질량 = 너트를 끼운 볼트의 질량

이것을 철이 녹스는 반응으로 바꾸어 써 보면

철의 질량 + 산소의 질량 = 녹슨 철(산화철)의 질량

 이렇게 되지요. 이렇게 반응 전에 반응한 물질들의 질량들의 합과 반응 후 만들어진 물질의 질량이 같아진다는 것이 질량보존의 법칙입니다.

chapter. 4
화합물 기체를 발견하다

초 6-1 여러 가지 기체
중 3 물질변화의 규칙성

헬몬트, 이산화탄소를 발견하다

— 17세기 초, 영국

   네덜란드의 헬몬트가 톡톡 튀는 기체를 발견했다고 해서 화제가 되고 있습니다. 와핑 기자가 자세한 소식을 전해 드리겠습니다.

 선생님은 어떤 기체를 발견한 거죠?

 이산화탄소입니다.

 그건 어떤 기체죠?

 탄소와 산소로 이루어진 화합물 기체죠.

 특별한 성질이 있나요?

이산화탄소는 공기보다 무겁습니다. 그래서 불을 끌 수 있는 기체지요.

 어떻게 불을 끌 수 있는 것이지요?

 물질이 타는 것은 물질이 공기 중의 산소와 만나는 것입니다. 그런데 여기에 이산화탄소를 채우면 공기보다 무거운 이산화탄소가 불 주위를 에워싸 산소의 공급을 막지요. 그래서 불이 꺼지는 것입니다.

 이 기체를 어떻게 발견하셨습니까?

 대리석에 염산을 부으니 어떤 기체가 나오더군요. 그런데 그 기체는 숲에서 나무를 태울 때 나오는 기체와 성질이 같았어요. 그래서 나는 이 기체를 '숲의 기체'라고 불렀지요. 그게 바로 이산화탄소입니다.

 좋은 기체를 발견해 주셔서 감사합니다. 이상 이산화탄소를 발견한 헬몬트와의 인터뷰를 전해 드렸습니다.

광고

톡톡 쏘는 사랑의 맛! 탄산음료수

일반음료수에 지겨움을 느꼈다면 톡톡 튀는 탄산음료수를 마셔 보세요. 탄산음료수의 매력에 푹 빠지게 될 걸요?

처음으로 만들어진 탄산음료는 18세기 과학자인 프리스틀리가 이산화탄소를 물에 녹여 만든 소다수랍니다. 그러나 이 소다수는 상쾌하긴 하지만 신 맛이 있다는 단점이 있었어요. 그래서 이 소다수에 여러 가지 다양한 맛을 넣어서 지금과 같은 탄산음료수를 만들었답니다.

게다가 탄산음료의 톡톡 쏘는 맛을 느끼게 해 주는 인산! 인산에는 우리 몸에 꼭 필요한 인이 들어 있으니, 탄산음료로 독특한 맛도 즐기고 건강까지 챙기자고요!

단, 뜨거운 곳에 오래 놓아두거나 흔들면 음료수에 녹아 있던 이산화탄소가 갑자기 많이 나와 터질 수 있으니 주의하세요.

화재주의
– 방귀에 불붙이면 큰일 난다

    방귀 뀌실 때 옆에 라이터로 불을 붙이는 사람은 혹시 없는지 주의하셔야겠습니다. 어젯밤 한 버스 정류장에서 버스를 기다리던 이뿌웅 씨는 엉덩이에 불이 붙어 화상을 입는 바람에 현재 인근 병원에서 치료를 받고 있다고 합니다. 이뿌웅 씨는 전국 방귀대회 1등으로 평소에도 방귀를 한 번 뀌었다 하면 바람을 일으킬 정도였다고 합니다. 사고가 난 시각 이뿌웅 씨는 계속 방귀를 참다가 결국 뀌고 말았는데 하필 바로 그때 옆에 있던 사람이 라이터로 불을 붙이는 바람에 이뿌웅 씨의 엉덩이까지 불이 번졌다고 합니다.

    이 사건을 조사하던 경찰은 웜홀을 타고 18세기의 과학

자 볼타를 찾아가 이번 사건의 원인을 물어 보았습니다. 볼타는 곰곰이 생각하다 "메탄으로 이루어진 방귀라면 충분히 불이 붙을 수 있다"고 대답하였습니다. 볼타는 평소 산책을 좋아하여 마지오레 호수 근처로 갔다가 길을 잃었다고 합니다. 그러던 중 늪에 도달하였는데 늪 표면에 거품이 보글보글 올라오는 것 같아 그것을 자세히 보고 싶어 성냥으로 불을 붙였는데, 갑자기 큰 불이 붙어 놀랐다고 하는군요. 조금 더 조사한 후에야 볼타는 그것이 메탄 때문이었다는 사실을 알게 되었다고 합니다.

결국 누구의 잘못이라고도 결론지을 수 없는 상황이라 경찰은 이뿌웅 씨에게 "다음에 방귀를 뀔 때에는 주위에 불이 없는지 잘 살펴보라"고 말했다 합니다. 여러분도 이런 사고 당하지 않게 주의하시기 바랍니다. 이상 SBC의 훈훈한 기자 와핑이었습니다.

비도스, 웃음가스로 사람들을 웃기다
- 19세기, 영국

웃으면 건강에도 좋고 복이 온다는 말이 있죠? 흠, 이 말은 제게 딱 어울리는 말인 것 같네요. 여러분도 저처럼 웃어 보세요, 스마일! 네, 즐거우셨나요? 오늘의 소식 전하겠습니다. 19세기 초반 유럽에는 지금 웃음이 끊이질 않고 있다고 합니다. 뭔가 좋은 일이 있나 보죠? 지금 19세기 초반 영국에 있는 와핑 기자가 전해 드립니다.

와핑

네, 지금 이곳은 19세기 초반 영국의 한 파티장입니다. 오우, 파티장인 만큼 멋진 남자들과 예쁜 여자들이 많군요. 저도 근사한 숙녀와 춤을 추고 싶어집니다. 그런데 여러분, 이 파티장은 여느 파티장과는 다르지

않습니까? 그렇습니다. 사람들이 전부 웃고 있지요. 아휴, 계속 웃음소리만 들려오니 이젠 환청처럼 느껴지기도 하네요. 사람들이 이렇게 웃고 있는 이유는 지금 이 파티장에 가득 차 있는 웃음가스 때문이라고 하는데…… 우하하하하! 죄송합니다. 시청자 여러분. 갑자기 제 코로 웃음가스가 들어와 그만 웃음을 참지 못했습니다. 이 파티장에 웃음가스를 가득 채운 사람은 영국의 화학자 베도스입니다. 잠시 베도스를 만나 인터뷰를 나눠 보겠습니다.

안녕하세요?

안녕하세요. 즐거운 파티죠?

네, 즐겁네요. 그런데 웃음가스가 뭐죠?

일산화질소예요. 1772년 프리스틀리가 발견하였는데 사람들에게 마시게 하니까 잘 웃더군요. 그래서 웃음가스라고 불렀지요.

네, 그럼 실례. 후웁! 아, 나 하늘을 나는 것 같아. 오호호호! 나는 하늘을 나는 와핑! 이건 뭐야? 에잇!

시청자 여러분 죄송합니다. 방송 사고가 난 것 같습니다. 와핑 기자가 전해 드린 웃음가스는 19세기 중반 미국에서 치과 마취약으로 쓰였다고 합니다. 와핑 기자를 19세기 중반 미국으로 보내 보겠습니다.

🦁 시청자 여러분 안녕하세요? 눈 깜짝할 사이에 시간과 공간을 넘나드는 저는 지금 미국의 한 작은 도시인 하트퍼드에 와 있습니다. 이곳에는 웃음가스를 처음으로 치과 치료에 사용한 치과의사 웰스가 살고 있다고 하네요. 웰스를 직접 만나 보도록 하겠습니다. 안녕하세요?
와핑

🧑 안녕하세요. 치아가 상당히 아름다우시군요.
웰스

🦁 하하, 감사합니다. 제가 또 건치 기자인 건 어떻게 아셨습니까? 어쨌든 선생님께서는 웃음가스를 치과 치료에 사용했다고 하는데 어떻게 하신 거죠?
와핑

1844년 웃음가스 서커스를 관람 중에 있었던 이야기예요. 제 친구인 쿨리가 공연 중에 웃음가스를 한 번 마셔 보고 싶다고 하니 기꺼이 마시게 해 주더군요. 웃음가스를 마신 쿨리는 갑자기 난폭해져서 누군가와 심하게 다투다 넘어져 심하게 다쳤어요. 그런데 이상하게도 하나도 아프지 않다고 말하는 겁니다.

 오호, 그럼 웃음가스가 일종의 마취제 역할을 한 것이군요?

 그렇죠. 전 친구에게 부탁해서 실험을 해 보았죠. 그때 전 심한 충치를 앓고 있어서 이를 뽑아내지 않으면 안 되었거든요. 웃음가스를 마시고 이를 뽑았는데 아프지 않았어요. 그래서 그 후 웃음가스를 이용하게 된 것입니다.

 아, 정말 신기하군요.

 가만, 충치가 있으신 것 같은데?

 아하하, 아닙니다. 충치는 무슨.

🧑 아니예요. 분명 충치입니다. 오신 김에 치료나 받고
뮐스 가시죠. 간호사, 어서 환자분 모셔요!

🧑 앗! 상당히 몸이 좋으시네요, 허허. 꺅! 절 내려놔 주
와핑 세요. 전 치과 치료 받는 게 싫어요. 살려 줘요!

  휴, 오늘따라 와핑 기자가 방송 사고를 많이 내는군요. 시청자 여러분께 진심으로 사과드립니다. 일산화질소는 사람들에게 웃음을 선사하기도 하지만 아픔도 없애 주는 아주 중요한 기체라는 것을 이제 알았습니다. 하지만 기체의 힘을 빌어서 웃는 것보다는 늘 긍정적인 마음으로 즐겁게 사는 것이 더 좋을 것 같습니다.

잠깐!

산화질소란? 질소의 산화물로 반응성이 좋으며, 산화되기 쉬워 검출제로 사용된다. 일반적으로는 일산화질소를 가리키는 경우가 많다.

푸세식 화장실 화재

신르네상스 공화국의 대표적인 빈민가인 푸어스촌의 공동화장실에서 화재사건이 났다고 합니다. 푸어스촌은 워낙 가난한 사람들이 모여 사는 지역이라 이곳의 사람들은 공동화장실을 이용하는데, 놀랍게도 이 화장실은 용변이 차곡차곡 탑을 쌓으면서 높아지는 푸세식 화장실이었습니다.

그날 마을에서 가장 나이가 많은 올디아 할아버지가 용변이 급해 화장실로 달려가 담배를 피우기 위해 불을 붙이는 순간, 펑 소리를 내며 화장실이 폭발했다고 합니다. 다행히 올디아 할아버지는 큰 부상을 입지 않았지만 경찰은 화재의 원인을 찾고 있다고 합니다. 그런데 최근 전지의 발명으로 유명한 이탈리아의 볼타가 화재의 원인을 알아냈다고 해서 와핑 기자를 긴급히 보냈습니다. 와핑 기자!

- 와핑입니다. 저번 웃음가스 취재 때는 방송 사고를 내서 죄송합니다. 그래도 이 귀여운 기자를 미워하시진 않겠죠? 지금 저는 볼타의 실험실에 와 있습니다. 볼타 선생님. 이번 화재 사건에 대해 어떻게 생각하시나요?

- 위험한 사건이죠.

- 왜 위험하죠?

- 위험한 기체 때문입니다.

- 어떤 기체가 위험한가요?

- 질소와 수소의 화합물인 메탄 가스죠. 메탄은 불에 잘 붙어 메탄 가스가 많이 모인 곳에서 불을 붙이면 폭발할

수 있지요.

 누가 화장실에 메탄 가스를 뿜어 놓은 거죠?

 화장실 이용자죠.

 그게 무슨 말이십니까?

 메탄 가스는 방귀나 대변에서 나오는 기체입니다. 그런데 그 화장실은 변이 쌓여 있는 곳이니까 메탄 가스도 자욱하겠죠. 그런 곳에서 불을 붙이는 건 자살 행위예요.

 그렇군요. 인터뷰에 응해 주셔서 감사합니다.

　지금 정부에서 긴급속보가 들어왔습니다. 정부는 푸어스촌 화재사건을 계기로 더 이상 메탄 가스에 의한 화재사고가 발생하지 않게 모든 푸세식 화장실을 수세식으로 바꾸겠다고 결정했습니다.

시청자 과학

안녕하세요. 시청자 과학을 진행하는 쿨레클린입니다. 뭐든지 물어보세요. 22세기 첨단 과학이 낳은 과학 자동 답변기가 친절히 답변해 드리겠습니다.

물질을 태우면 어떤 기체들이 나오나요?

물질 속에는 주로 탄소와 수소가 들어 있어요. 물질이 탄다는 것은 공기 중의 산소와 결합하는 것인데, 물질 속의 탄소가 공기 중의 산소와 만나면 이산화탄소가 되고, 물질 속의 수소가 공기 중의 산소와 만나면 수증기(물의 기체 상태)가 되지요.

베도스는 어떤 일을 했나요?

베도스는 전기 분해로 유명한 화학자 데이비의 스승이면서 의사입니다. 그는 가스를 이용해 환자를 치료하는 방법을 많이 찾아냈는데 그중 하나가 바로 웃음가스입니다.

그는 조수인 데이비에게 웃음가스 18리터를 7분 동안 마시게 했는데 그 후 데이비는 기분 좋게 취한 사람처럼 연구실에서 웃으면서 덩실덩실 춤을 추었다고 합니다. 또한 베도스는 소의 방귀가 결핵을 치료할지 모른다는 생각에 소의 항문에 파이프를 연결하여 결핵 환자의 방으로 소의 방귀를 보내는 등 가스를 이용한 신기한 치료를 많이 시도한 것으로 유명합니다.

탄소와 산소의 화합물 중에서 사람을 죽이는 것도 있다는데 그건 뭐죠?

일산화탄소입니다. 탄소와 산소의 화합물에는 두 종류가 있습니다. 물질이 탈 때 주위의 산소가 충분히 공급되면 이산화탄소가 만들어지는데 이 기체는 인체에 해롭지 않습니다. 하지만 산소가 부족하면 일산화탄소가 만들어지는데, 이 기체는 사람에게 매우 해로워 많이 마시면 목숨을 잃게 되지요.

식물은 이산화탄소를 마시나요?

동물과 식물은 반대입니다. 동물은 공기 중의 산소를 마시고 이산화탄소를 배출하지만 식물은 잎의 구멍을 통해 이산화탄소를 마시고 산소를 배출합니다. 그래서 식물과 동물은 서로 서로에게 필요한 존재이지요. 아주 옛날 지구에 산소가 없었을 때 지구에 산소를 만든 것도 식물들입니다.

대리석에 염산을 부으면 왜 이산화탄소가 만들어지죠?

대리석은 탄산칼슘입니다. 여기에 염산을 부으면 염화칼슘과 물과 이산화탄소가 만들어집니다. 계란의 껍질도 탄산칼슘인데 여기에 산을 부으면 이산화탄소가 만들어진답니다.

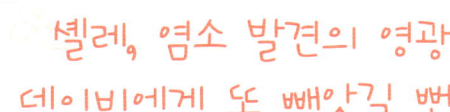

셸레, 염소 발견의 영광 데이비에게 또 빼앗길 뻔

― 1773년, 스웨덴

안녕하십니까? 산소를 처음 발견하고도 발표가 늦어 프리스틀리에게 산소 발견의 영광을 빼앗긴 스웨덴의 셸레가 이번에는 염소 발견의 영광을 데이비에게 빼앗겨 다시 화제의 인물이 되었습니다. 이 사건을 취재하고 돌아온 와핑 기자와 얘기를 나눠 보죠.

 와핑 기자, 염소가 뭐죠?

 독성과 부식성이 있는 황록색 기체입니다. 눈과 호흡 기관을 자극하기 때문에 조심해서 다뤄야 하지요.

 색깔이 있으니까 눈에 보이는 기체군요.

그렇습니다.

공기보다 무거운가요?

2.5배 정도가 무겁습니다. 그리고 영하 34°C에서 액체가 되지요.

왜 또 셸레가 이번 사건의 주인공이 된 거죠?

셸레는 1774년 이산화망간과 염산으로 어떤 실험을 하던 도중에 황록색의 기체를 발견했습니다. 그리고 이 기체에 금을 녹일 수 있는 성질이 있다는 것을 알아냈지요.

그게 염소군요. 그런데 왜 셸레의 발견이 공식적으로 인정되지 않은 거죠?

화학자들이 셸레가 발견한 기체를 화합물이라고 생각했기 때문입니다.

그럼 누가 처음으로 염소라는 것을 알아낸 겁니까?

1810년 데이비가 알아냈습니다. 셀레가 발견한 기체는 더 이상 분해되지 않는 원소이고, 수소와 합쳐 염산을 만들어내는 기체이므로 그것에 염소라는 이름을 붙인 것이지요.

 그래서 사람들이 염소의 발견자를 데이비로 생각하는군요. 하지만 이건 말이 안됩니다. 셀레는 분명 염소 기체를 발견했고 그것이 가진 성질도 알아냈으므로 염소 기체의 발견자는 셀레라는 점을 SBC는 시청자 여러분께 분명히 알려 드립니다.

크르토와, 요오드 발견
— 1811년, 프랑스

    프랑스의 크르토와가 보라색의 새로운 기체를 발견했다는 소식입니다. 크르트와는 아버지와 함께 해조류의 재로부터 질산칼륨을 만드는 공장을 운영하던 중 우연히 해조류에 황산을 쏟았는데, 그때 보라색의 기체가 피어오르는 것을 발견했다고 합니다. 다음은 크르토와의 말입니다.

    "정말 놀랐어요. 처음 보는 연기였어요. 보라색의 아름다운 기체였지요."

    크르토와가 발견한 보라색의 새로운 기체에는 프랑스 아카데미에서 화학자 게이뤼삭이 주장한 바에 따라 그리스어로 보라색을 뜻하는 '요오드'라는 이름이 붙었습니다. 이상 크르토와가 요오드를 처음 발견했다는 소식을 전해 드립니다.

23살의 대학생, 브롬 발견
— 1826년, 프랑스

23살의 대학생이 브롬이라는 이름의 새로운 물질을 발견했다는 소식입니다. 화제의 주인공은 프랑스의 발라르입니다. 와핑 기자가 발라르를 만나 자세한 소식을 전해드립니다.

 브롬 발견을 축하드립니다.
와핑

 우연인 걸요. 뭐······.
발라르

 어떻게 발견했지요?
와핑

 쿠르트와의 요오드 발견 실험을 해 보고 있었죠. 미역
발라르 이나 다시마 같은 해조류에서 요오드가 얼마나 많이

나오는가를 알아보는 실험이었어요. 그리고 심심해서 요오드를 얻고 남은 액체에 염소수(염소를 물에 녹인 것)를 부어 봤어요. 그랬더니 노란 액체의 층이 생기면서 고약한 냄새가 나는 거예요. 그래서 나는 이 사실을 즉시 학회에 알렸지요. 그러자 학회에서는 냄새가 고약하니까 그리스어로 악취를 뜻하는 '브롬'이라는 이름을 그 물질에 붙이기로 결정했다는 거예요. 그래서 나는 졸지에 브롬의 발견자가 되었지요.

와핑

지금까지 23살의 나이에 새로운 원소 브롬을 발견한 발라르와의 인터뷰였습니다.

브롬이란? 주기율표 17족 원소에 속하는 할로겐족 원소로, 상온에서 액체로 존재하는 유일한 비금속원소이다.

불소를 찾는 것이 꿈이었어요

— 앙리 무아상

아미슈: 오늘은 불소(플로오르)의 발견자인 앙리 무아상 박사님을 모시고 얘기를 나눠 보겠습니다. 안녕하십니까? 노벨 화학상 수상을 축하드립니다.

무아상: 감사합니다. 여러 사람들의 노력이 있어 제가 이 자리에 있는 것 같습니다.

아미슈: 겸손하시군요. 불소는 어떻게 발견하셨나요?

무아상: 사람들은 불화수소가 수소와 어떤 미지의 원소와의 화합물이라고 생각하고 그 미지의 물질을 찾으려고 시도했지요. 이 미지의 물질이 바로 불소예요. 하지만 불소를 찾으려는 과정에서 많은 과학자들이 피해를

입었지요.

어떤 피해죠?

그들은 불화칼슘에서 이 미지의 물질을 찾으려고 노력했지만, 그때마다 화학자들은 발생한 불소 기체에 중독되어 죽었지요. 벨기에의 루예트와 니클레가 그렇게 운명한 사람들이에요.

위험한 실험이군요. 그런데 박사님께서는 어떻게 이런 위험한 실험을 하게 되셨죠?

나는 어릴 때부터 가난해 제대로 학교를 다닐 수 없었어요. 그래서 18살에는 시계를 만드는 사람의 조수가 되었고, 30살 때까지는 약제사의 조수로 일했어요. 그리고 30살이 되면서부터는 자연사 박물관에 들어가 프레미 선생님 밑에서 화학을 공부했지요. 이때 선생님의 주 연구는 불화수소를 전기분해하여 불소를 만드는 일이었어요. 그래서 자연스럽게 나의 꿈은 불소를 찾는 일이 되었지요. 하지만 온도가 너무 높아 선생님은 불소를 찾아내는 데 실패했어요. 그리고 나는 영하 50°C로 온도를 낮춰 전기분해를 한 결과로 불소를 발견하게 된 것이지요.

 허허…… 온도차가 키 포인트였군요.

 그런 셈입니다.

 프레미 선생님께서는 샘이 나셨겠는데요?

 프레미 선생님은 속이 깊은 분이세요. 내가 불소를 발견하자 선생님은 "선생은 항상 자신보다 제자가 더 멀리, 더 높이 나아가는 모습을 볼 때 행복해한다"고 말하며 저의 발견을 진심으로 축하해 주셨지요.

 대단한 스승입니다. 그럼 무아상 박사님은 또 어떤 일을 하셨나요?

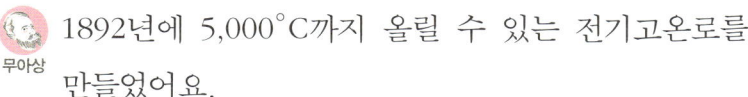 1892년에 5,000°C까지 올릴 수 있는 전기고온로를 만들었어요.

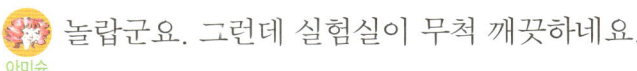 놀랍군요. 그런데 실험실이 무척 깨끗하네요.

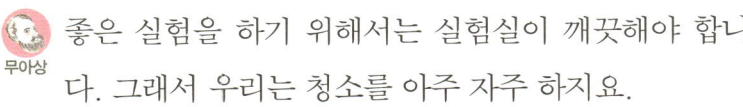 좋은 실험을 하기 위해서는 실험실이 깨끗해야 합니다. 그래서 우리는 청소를 아주 자주 하지요.

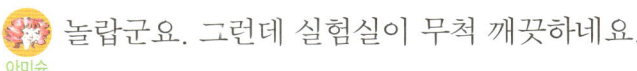 그렇군요. 지금까지 불소를 발견한 앙리 무아상 박사님과의 인터뷰였습니다.

염소 가스,
수많은 인명 학살에 사용

– 제1차 세계대전

　우려했던 일이 벌어졌습니다. 독가스로 알려진 염소가스가 드디어 전쟁에 사용되었기 때문입니다. 제1차 세계대전 중 벨기에에서의 이프르 2차 전투 당시 독일군은 염소 가스를 방출하여 프랑스군 5천여 명이 10분 만에 질식사했고, 이후 많은 사람들이 실명하는 등 부상자도 속출했습니다. 또한 루즈 전투에서는 영국군이 염소 가스를 사용하려다가 오히려 자국의 군대에 가스가 누출되어 피해를 입었다는 소식도 있습니다.

　한편 염소 가스에 대한 두려움이 확산되자, 전쟁 중인 화학자들은 '소변에 적신 천으로 입을 막으면 소변의 요산이 염소와 반응하여 결정화된다'고 주장해 군인들이 자

신의 소변을 천에 묻히느라 정신이 없다는 소식도 들어오고 있습니다.

그러자 세계 여론은 독가스를 사용하는 나라의 비인간적인 행위를 규탄하며 '전쟁 시 독가스의 사용을 금지하자'고 주장하고 있다는데, 과연 사람을 아무 이유 없이 죽이는 전쟁에서 이 주장이 먹혀들지 의문이 드는군요. 이상 제1차 세계대전에서 염소 가스가 처음 사용되었다는 소식을 전해 드렸습니다.

광고

이제 치아는 불소로 닦으세요

　세계 최초로 불소가 함유된 불소 치약! 어떤 효능이 있을까요? 불소는 충치를 예방해 주므로, 이가 자주 시리신 분들은 불소 치약으로 이를 닦으시는 것이 좋습니다. 건강한 치아에 건강한 입맛이 싹트지요. 이제 여러분의 치약을 불소 치약으로 바꾸세요.

　이제 충치 고민 끝!

　불소 치약은 가까운 편의점에서 구입할 수 있습니다. 출시 기념으로 불소의 발견자 무아상의 얼굴이 그려진 무아상 칫솔도 함께 드립니다. 지금 편의점으로 달려가세요.

　불소 치약!

안녕하세요. 시청자 과학을 진행하는 쿨 레클린입니다. 뭐든지 물어보세요. 22세기 첨단 과학이 낳은 과학 자동 답변기가 친절히 답변해 드리겠습니다.

할로겐 원소가 뭐죠?

플로오르, 염소, 브롬, 요오드, 아스타틴을 할로겐 원소라고 부르는데, 이 이름은 화학자 베르셀리우스가 처음 붙인 것입니다. 할로겐은 '소금'을 뜻하는 'halos'와 '만들다'라는 뜻을 가진 'genes'가 합쳐진 단어입니다. 즉, 금속과 화합하여 염을 만드는 물질이라는 뜻이지요. 예를 들어 염소는 나트륨과 화합해 소금의 주성분인 염화나트륨을 만들게 됩니다.

요오드는 승화성 물질이라는데 승화가 뭐죠?

요오드는 고체 물질입니다. 보통의 고체 물질은 온도가

올라가면 액체로 변했다가 온도가 더 올라가면 기체 상태로 변하는데, 요오드는 온도가 올라가면 액체 상태를 거치지 않고 바로 기체로 변합니다. 이렇게 고체에서 기체로 바로 변하는 것을 승화라고 하는데, 대표적인 승화성 물질로는 요오드와 드라이아이스가 있습니다.

염소는 어떻게 살균이나 표백 작용을 하지요?

염소가 물에 녹으면 하이포아염소산이 만들어집니다. 이것이 살균이나 표백 작용을 한다는 것이 발라르에 의해 알려졌지요. 그리고 1785년에는 베르톨레가 이것을 표백제로 사용하는 데 성공했답니다.

요오드로 녹말이 들어 있는지 없는지를 알 수 있다고 하는데 어떻게 그것이 가능한가요?

브롬을 발견한 발라르는 요오드에 대한 연구도 많이 했어요. 그는 요오드가 녹말과 만나면 푸른색으로 변한다는 것을 알아냈지요. 그래서 어떤 물질에 녹말이 들어 있는지 없는지를 요오드로 쉽게 알아볼 수 있다는 것이지요.

산소가 없는 산도 있나요?

탄산이나 황산에는 산소가 들어 있어요. 라부아지에는 모든 산에는 산소가 들어 있다고 생각했지만 1768년 불화수소산이 불소와 수소의 화합물이고 염산이 염소와 수소와의 화합물이라는 것이 알려지면서, 산소 원자가 없는 산도 있다는 것을 알게 되었답니다.

아스타틴은 누가 발견했나요?

할로겐 원소 중에서 가장 무거운 아스타틴은 1940년 코슨, 매캔지, 세그레 등이 처음 발견했고, 1947년 그리스어로 '불안정'을 뜻하는 'astatos'에서 이름을 따서 아스타틴이라고 불렸답니다.

chapter. 6
비활성 기체를 찾아내다

초 3-1 소중한 공기
초 6-1 여러 가지 기체
중 3 물질의 구성

장센, 헬륨을 발견하다

― 1868년, 프랑스

사람들이 인도로 몰려들었습니다. 이번 여름에 인도에서 개기일식 쇼가 벌어졌기 때문입니다. 수많은 연인들이 대낮이 캄캄해지는 개기일식에 맞춰 아름다운 뽀뽀를 하기 위해 인도로 몰려들었습니다.

이러한 연인들의 대낮 뽀뽀 쇼 중에 한 과학자가 새로운 기체를 찾았다고 해서 화제가 되고 있습니다. 와핑 기자가 그 화제의 주인공인 장센을 만나 보겠습니다.

 이번에 발견한 기체는 무엇입니까?

 헬륨입니다. 태양빛의 스펙트럼을 분석하다가 새로운 기체의 스펙트럼을 찾았지요. 그게 바로 헬륨입니다.

수소 다음으로 가벼운 원소예요.

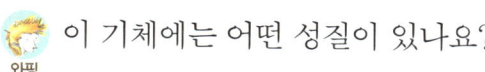
이 기체에는 어떤 성질이 있나요?

공기보다 가벼워서 위로 뜨지요. 풍선에 헬륨을 채우면 둥둥 뜨는 풍선을 만들 수 있어요.

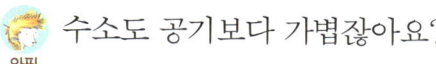
수소도 공기보다 가볍잖아요?

물론 그렇죠. 하지만 수소는 매우 위험한 기체죠. 수소 풍선이 터지면 폭발하니까요. 하지만 헬륨은 다른 물질과 반응을 하지 않으니까 안전해요.

그렇군요. 이상 헬륨을 발견한 장센과의 인터뷰였습니다.

레일리, 아르곤을 발견하다
― 1894년, 영국

시청자 여러분, 레일리가 공기 중에 들어 있는 새로운 기체 원소를 발견했다는 소식입니다. 현장에 나가 있는 와핑 기자를 불러 자세한 소식을 전해 듣겠습니다.

- 와핑: 오늘도 여러분의 기대를 저버리지 않을 소식 가져왔습니다. 여러분, 과연 공기는 질소와 산소로만 이루어져 있을까요? 매우 어려운 퀴즈죠? 오늘 그 퀴즈의 정답을 알려드리겠습니다.

- 레일리: 이건 이렇게 섞고, 저건 저렇게 섞고…….

- 와핑: 안녕하세요, 레일리 선생님.

🐑 레일리: 오, 오셨군요. 오랜 시간에 걸쳐 먼 길을 오시느라 고생이 많으셨어요. 그런데 무슨 일로 절 찾아 오셨나요?

🦎 와핑: 공기 속에 새로운 기체가 있다는 걸 알아내셨다는데 그것이 무엇인지, 또 어떻게 발견하셨는지 듣고 싶어서 왔습니다.

🐑 레일리: 아르곤 말이군요.

🦎 와핑: 아르곤이요?

🐑 레일리: 네, 보통 공기의 약 1%를 차지하는 기체죠. 캐번디시가 "아무리 질소를 없애도 신비한 거품이 남아 있었다"라고 말했던 것이 참 인상적이었어요. 그래서 저는 공기 중에서 질소를 분리해 보았는데, 그것이 다른 곳에서 분리해 낸 질소보다 더 무겁지 뭐예요. 그래서 공기 중의 질소는 무언가 무거운 물질에 오염되어 있다고 생각했어요.

🦎 와핑: 그래서 발견하신 것이 아르곤이군요.

레일리: 그렇죠. 정말 길고 힘든 실험 끝에 아르곤을 발견할 수 있었어요.

와핑: 혼자 그 실험을 하느라 힘드셨겠네요.

레일리: 아니요. 저 혼자 하지 않았어요. 윌리엄 램지라는 친구와 함께 연구를 했답니다. 그 친구가 아니었으면 전 아르곤을 발견할 수 없었을 거예요.

와핑: 아르곤의 특징은 무엇인가요?

레일리: 다른 기체들은 금속이든 기체든 별 차이 없이 잘 반응하던데 이 아르곤이라는 친구는 게으른 건지 도도한 건지 금보다 더 반응성이 낮더군요. 그래서 농담 삼아 '귀족 기체'라고 부른답니다.

와핑: 재밌어요. 또 1%밖에 없으니 '희귀 가스'라고 불러도 되겠네요.

레일리: 그것도 좋은 아이디어네요. 아르곤은 참 별명이 많은 친구군요. 하하!

레일리 박사님, 인터뷰에 응해 주셔서 감사합니다. 우리는 이때까지 공기 중에 질소와 산소밖에 없다고 생각하였는데 두 과학자의 끈질긴 노력 끝에 다른 기체도 숨어 있음을 알 수 있었습니다. 이상 영국 런던에서 와핑이었습니다.

게으르고 도도한 기체라, 정말 재밌는 기체네요. 참고로 '아르곤'은 그리스어로 '움직이지 않는다'는 의미를 지닌다고 합니다. 점점 우리 주변의 공기에 대한 정보가 많아지는 것 같죠? 공기는 알면 알수록 더 신기하네요. 이상 SBC에서 아르곤 발견 소식을 전해 드렸습니다.

램지, 아르곤의 친구를 찾아내다
— 1910년, 영국

이번에는 놀라운 소식을 전해 드릴까 합니다. 레일리와 함께 아르곤을 발견한 램지가 아르곤의 친구들을 찾아냈다는 소식입니다. 그런데 아르곤의 친구들이면 똑같이 게으르고 반응하기 싫어하는 기체들일까요?

램지는 트래버스와 함께 1898년 네온, 크립톤, 크세논을 찾았고 1910년에는 라듐에서 라돈을 발견하였습니다. 이들은 아르곤보다 더 희귀한 기체들이라고 하는군요.

이들의 이름은 그리스어에서 따왔는데 네온은 '새로운 것', 크립톤은 '숨겨진 것', 아르곤은 '움직이지 않는 것', 제논은 '낯선 것'이라는 뜻이고 라돈은 '라듐에서 나온 것'이라는 뜻을 가지고 있다고 합니다.

아르곤이란? 화학적으로 매우 안정하여 거의 모든 반응에 참여하지 않으며, 지구 대기의 약 0.93%를 차지하고 있는 기체원소이다.

조지 웰스 『우주전쟁』 고소당해

- 19세기 말, 영국

19세기 말 최고의 베스트셀러인 조지 웰스의 SF소설 『우주전쟁』이 비활성기체를 연구하는 학회로부터 고소를 당할 위기에 처해 있다고 합니다. 『우주전쟁』은 화성인들이 지구를 침공해 지구를 위기에 몰아넣는다는 스토리로 전개되는데, 이때 화성인들이 가지고 온 검은 빛을 내는 새로운 물질이 아르곤의 화합물이라고 묘사되어 있는 점이 문제가 되고 있습니다. 레일리의 얘기를 들어 보죠.

"비활성기체인 아르곤은 다른 원소와 반응을 하지 않아요. 그러니까 화성인이라 해도 아르곤의 화합물은 만들 수 없어요."

 비활성기체학회의 고소에 대해 출판사 측은 작가와 협의하여 다음 책을 찍을 때부터는 아르곤 대신 다른 원소로 본문을 바꾸겠다고 약속하면서 합의 가능성이 점점 커지고 있습니다.

바틀렛, 비활성기체의 화합물 발견

– 1962년, 영국

지금까지 우리는 헬륨, 아르곤, 네온 등과 같은 모든 비활성기체들이 다른 원소들과 반응을 하지 않으므로 화합물을 만들지 않을 거라고 생각해 왔는데, 이 생각이 틀린 것으로 판명되었습니다. 최근에 바틀렛이 비활성기체인 크세논과 불소의 화합물을 발견했기 때문인데요. 이 소식이 전해지자 세계 화학계에서는 '비활성기체'라는 이름을 바꾸어야 하지 않을까에 대해 신중하게 검토하고 있다고 합니다. 한 화학자의 의견을 들어 보았습니다.

"비활성(非活性)에서 비(非)는 '아니다'를 뜻합니다. 그런데 이제 다른 원소들과 화합물을 만든다는 것이 알려졌으니 이름을 약활성기체로 바꿔야 하지 않을까요? '약

(弱)'은 '약하다'라는 뜻을 가지고 있으니 말입니다. 아무튼 요즘 이름 문제로 논란이 많아요."

　학회는 조만간 많은 사람들의 의견을 좀 더 수렴해 이 비활성기체의 이름을 결정짓겠다는 소식입니다.

> **비활성기체란?** 화학적으로 활동이 활발하지 못하여 화합물을 잘 만들지 못하는 기체를 일컫는 말이다. 헬륨·네온·아르곤·크립톤·크세논·라돈 등이 있으며 공기 속에 미량 함유되어 있다.

광고

파티를 더욱 즐겁게!

아무리 성대모사를 해서 다른 사람들을 웃기려 해도 안 되던 분들!

우스꽝스런 분장을 했지만 목소리는 허스키한 분들!

그런 분들을 헬륨 가스와 크립톤 가스가 도와 드립니다.

헬륨 가스를 마시면 목소리가 귀엽게 높아지고요, 크립톤 가스를 마시면 목소리가 무섭게 낮아진답니다.

목소리는 목에 있는 성대가 공기를 떨게 해 나는 소리라는 거 아시죠?

헬륨은 공기보다 가볍기 때문에 공기보다 더 많이 떨려서 높은 목소리가, 크립톤은 공기보다 무겁기 때문에 덜 떨려서 낮은 목소리가 나오게 하는 것이랍니다.

파티 때 귀여운 복장을 하였다면 헬륨 가스를, 유령 분장을 하였다면 크립톤 가스를 마시고 친구들과 즐거운 시간을 보내세요!

시청자 ★ 과학

안녕하세요. 시청자 과학을 진행하는 쿨레클린입니다. 뭐든지 물어보세요. 22세기 첨단 과학이 낳은 과학 자동 답변기가 친절히 답변해 드리겠습니다.

헬륨이라는 이름은 어디에서 유래된 거죠?

1868년 장셍이 태양에 새로운 기체가 있다는 사실을 알아내자 영국의 로키어와 프랭클랜드가 '지구에는 없지만 태양 속에 존재하는 원소'라며 '태양'을 의미하는 그리스어 'helios'에서 이름을 따 헬륨이라고 불렀습니다. 헬륨은 보통 공기 중의 0.0005%에 불과할 정도로 아주 적은 양을 차지하고 있답니다.

아르곤의 최초 발견자가 레이지와 램지가 아닌 멘델레예프라는 말도 있던데 그 말은 뭐죠?

멘델레예프는 이 희귀한 기체가 질소 원자 세 개로 이루어진 기체라고 생각했지요. 하지만 레일리와 램지의 아르곤 발견으로 멘델레예프의 생각은 옳지 않다는 것이 확인된 셈이에요.

비활성기체가 다른 기체와 다른 점은 뭐죠?

비활성기체는 원자 한 개로 분자를 이루는 일원자 분자입니다. 즉, 네온 기체 분자의 수는 네온 기체 원자의 수와 같습니다. 반면에 산소 기체 분자는 산소 원자 두 개로, 오존 기체 분자는 산소 원자 세 개로 이루어져 있지요.

헬륨이 액체가 되는 온도는 매우 낮다는데 얼마나 낮은가요?

헬륨은 보통의 온도에서 기체 상태로 존재합니다. 그런데 온도를 영하 269°C까지 내리면 헬륨은 액체 상태가 됩니다. 그래서 액체가 되는 온도가 가장 낮은 원소가 바로 헬륨이랍니다.

〈SBC 과학드라마〉
환상의 칵테일을 만들어라

Let's go
과학 해결사

등장인물 소개

매트 시트콤의 주인공이다. 허튼 발명만 하는 아버지를 항상 존경하며 과학자를 존경해 미래의 과학자를 꿈꾸는 소년. 과학해결사의 실질적인 대장으로 진취적이면서 모험심이 강하다.

신디 매트와 이란성 쌍둥이다. 공주병 기질이 있고 자신이 천재라고 믿는다. 하지만 실험에는 약하고 너무 이론적으로만 생각한다. 독서광이라 안 읽은 책이 없다.

아인 매트와 신디의 아빠. 40대의 홀아비로 엉뚱한 발명만 일삼고 혼자 있는 걸 좋아하지만 예쁜 여자도 좋아한다. 하지만 여자 앞에만 서면 부끄럼을 많이 타고, 옆집 수잔 아줌마를 짝사랑하지만 고백을 못하고 여자들에게 자주 놀림 받는다. 심지어 딸한테까지도……

주저브 경감 50대 중반의 혼자 사는 남자로 마을에서 일어나는 범죄 사건을 맡고 있다. 하지만 수사 능력이 별로 없어 거의 과학해결사가 처리해 줘야 할 판. 나름대로 혼자 살면서 완고한 면도 있지만 인간성은 좋음.

수잔 자신이 퀸카라고 믿는 40대 과학 작가. 하지만 아직까지 베스트셀러는 낸 적이 없고 신경만 예민한 여자. 그래서 아인과 자주 충돌하지만 매트와 신디에게 복수를 당한다.

"딩-동-댕-동!"

쉬는 시간이 끝나는 종소리가 울리자 학생들은 모두 우당탕탕 교실로 들어갔다. 이번 시간은 어리바리 루디 선생님의 과학 수업이다. 5학년 2반 아이들에게는 루디 선생님을 골탕 먹이는 것이 하루 일과 중 가장 신나는 일이다. 루디 선생님은 사이언 초등학교에서 제일 젊은 여자 선생님이며 부끄러움이 많고, 아이들에게 한 번도 화를 낸 적이 없었다.

루디 선생님은 수업을 하러 5학년 2반으로 향했다. 교실 문 앞에 서자 왠지 모를 불길한 기운에 휩싸였다. 지난번 교실 앞문을 열었을 때 물풍선이 떨어져 옷이 몽땅 젖었던 일이 떠올랐다.

'음…… 오늘도 분명 이 말썽꾸러기들이 뭔가 일을 꾸몄을 거야!'

루디 선생님은 뒷문으로 들어가기 위해 걸어갔다. 교실은 유난히 조용했다. 학생들 모두 책만 바라보고 있었다. 개구쟁이 대장인 드니도 자리에 앉아 있었다.

'어라? 웬일로 오늘은 다들 얌전하네……'

루디 선생님은 안도의 숨을 내쉬며 뒷문을 조심스럽게 열었다. 문이 열리는 순간 위에서 칠판지우개가 툭 떨어졌다. 까만 스웨터를 입은 루디 선생님의 옷에 하얀 분필가루가 묻었다.

"으악!"

아이들은 큭큭거리며 웃음을 참았다. 하지만 그중 한 명인 매트는 도니를 날카로운 눈빛으로 노려보았다. 매트는 예쁘고 착한 루디 선생님을 좋아하고 있었다. 도니의 장난에 속은 루디 선생님은 울상이 되어 옷을 털었다.

"너희들 정말…… 또 이러면 선생님 정말로 화낼 거야! 알았지? 도니! 이번에도 네 짓이지? 선생님은 정말 화가 나려고 해!"

도니는 장난스러운 표정으로 말했다.

"저 아니에요! 선생님~ 큭큭큭!"

루디 선생님에게는 학생들을 혼내는 것이 세상에서 가장 어려운 일이었다. 선생님은 아이들을 조용히 시키고 수업을 시작했다.

"자! 이제 그만 웃고 수업해야지! 반장 매트! 인사하렴."

"차렷! 경례."

"안녕하세요."

"그래. 아무튼 5학년 2반에는 장난꾸러기들이 너무 많아. 선생님이 화나면 얼마나 무서운데…… 다들 조심해 줬으면 해!"

"네."

수업이 시작된 지 30분 정도 지났을 때였다. 루디 선생님의 배가 꾸르르륵거리며 살살 아파오기 시작했다.

'아휴, 배야…… 아까 먹은 삶은 달걀이 잘못되었나?'

배가 아팠지만 선생님은 수업이 10분 정도밖에 남지 않아 그냥 참기로 했다. 그런데 열심히 판서를 하던 도중 자기도 모르게 방귀가 나왔다.

"뿌웅~"

차마 뒤를 돌아볼 수가 없었던 루디 선생님은 눈을 질끈 감고 얼굴이 빨개져서 어찌할 바를 모르고 허둥지둥했다.

가장 앞에 앉아 있던 매트는 선생님이 당황해하자 의자에 엉덩이를 문질러 '뿡' 소리를 냈다.

"야! 누가 방귀 뀌었어? 욱…… 냄새! 방귀 냄새가 최고로 심하다는 썩은 계란 방귀다! 아이고, 이 구린내……."

도니는 오두방정을 떨어가며 교실을 왔다갔다 하기 시작했다. 루디 선생님은 천성이 거짓말을 못하는지라 앞으로 아이들에게 얼마나 놀림을 당할지를 알면서도 사실대로 말하기 위해 고개를 돌렸다. 그런데 갑자기 매트가 손을 들고 머리를 긁적이며 말했다.

"얘들아~ 미안! 내가 속이 좀 안 좋아서! 하하하!"

"으웩! 매트 너! 정말 토할 것 같아……. 이제부터 너는 방귀의 마왕이야! 호호호!"

도니는 온몸으로 구역질하는 흉내를 내며 매트를 놀렸다. 루디 선생님은 매트에게 미안한 마음에 소리쳤다.

"치, 친구를 놀리는 건 나빠요! 도니! 그만 하렴!"

매트는 루디 선생님에게 윙크를 했다. 선생님은 볼이 발그레해져서 살짝 미소를 지었다.

"딩-동-댕"

수업을 마치는 종이 울렸다. 도니는 계속 오버를 하며 창문을 열었다.

"냄새 진짜 심하다! 매트! 네 방귀 냄새는 진짜 최고야!"

루디 선생님에게 종소리는 마치 구원의 종소리처럼 들렸다. 선생님은 인사도 받지 않은 채 황급히 교실을 빠져나갔다. 그런 루디 선생님을 보고 도니가 매트에게 말했다.

"야! 매트! 루디 선생님도 오죽하면 종 울리기가 무섭게 나가시겠냐! 너의 방귀는 정말 대단해! 세계 기네스북에 올려야겠어. 살인방귀로 말이야! 하하하!"

그런데 그때, 신디가 조용히 일어나 매트에게 다가갔다.

"매트! 너 왜 거짓말했어?"

매트는 어리둥절한 표정을 지으며 말했다.

"거짓말? 그게 무슨 소리야?"

신디의 눈은 더욱 날카롭게 반짝거렸다. 신디는 마치 탐정이라도 되듯이 매트를 취조하기 시작했다.

"분명 방귀를 뀌신 건 루디 선생님인데 왜 네가 뒤집어

쓰는 거야?"

역시 신디의 눈치는 대단했다. 하지만 매트는 끝까지 오리발을 내밀어야겠다고 생각했다.

"야! 도도신디! 무슨 쓸데없는 추리야? 내가 뀌었다니까?"

매트와 쌍둥이인 신디의 별명은 '도도신디'였다. 집에서나 학교에서나 신디의 도도함은 하늘을 찌를 듯했기 때문이었다. 신디는 매트를 비웃는 듯 야릇한 웃음을 지으며 말했다.

"뻥 치지 마! 나를 속이려면 차라리 귀신을 속이시지! 네가 먹은 식단으로는 아까 같은 지독한 방귀가 나올 수 없어."

"그게 무슨 말이지?"

신디는 어디서 구했는지 모범생들만 쓴다는 큰 검은 뿔테안경을 쓰고 볼펜을 들고 검사라도 된 듯이 매트의 책상에 다리를 꼬고 앉았다.

"매트! 넌 무식해서 이해할지 모르겠다만 우리가 먹는

음식은 주로 탄수화물, 지방, 단백질로 나눌 수 있어. 그중 탄수화물과 지방은 수소, 산소, 탄소로 이루어져 있고 단백질은 수소, 산소, 탄소, 질소로 이루어져 있고 말이지. 콩, 우유, 계란, 고기는 단백질이 많은 대표적인 음식이야. 방귀 냄새의 주범은 바로 이 단백질 속의 질소야. 질소 때문에 단백질 음식을 먹으면 암모니아 가스가 만들어지는데 이것이 방귀에서 냄새를 나게 하는 것이거든. 하지만 너는 어제 저녁에는 고구마로 때웠지. 오늘 아침에는 맨밥만 먹고 학교에 왔잖아? 그렇다면 너는 어제 저녁부터 탄수화물만 먹었는데 어떻게 그렇게 심한 냄새가 나는 방귀를 뀔 수 있다는 거야?"

신디의 날카로운 분석에 매트는 할 말을 잃었지만 무조건 우기는 수밖에는 없었다.

"아니라니까! 분명 그 방귀는 나만의 방귀야! 쳇! 내가 너 몰래 삶은 계란을 먹었을 수도 있는 거잖아!"

매트는 얼른 그 난처한 자리를 뜨기 위해 일어났다. 신디는 무서운 웃음을 지으며 말했다.

"호호호~ 매트 너는 달걀을 싫어하잖아! 너 루디 선생님 좋아해? 그 내숭쟁이 선생님을? 방귀쟁이 루디 선생님? 하하하!"

"야! 내숭쟁이? 방귀쟁이라니! 방귀는 내가 뀌었다니까! 그리고 착하신 루디 선생님을 그렇게 놀리다니, 말 함부로 하지 마! 쳇! 그리고 선생님은 여자잖아. 얼마나 민망하시겠니?"

"여자라서? 그러면 내가 다음에 방귀를 뀌어도 나 대신 뒤집어 쓸 거야?"

"아니!"

매트는 단호하게 말했다.

"왜? 나도 여자잖아!"

"넌 여자가 아니지! 남자보다도 씩씩한 녀석이잖아! 하하하!"

매트는 크게 웃으며 교실 뒷문으로 나갔다.

아인은 오늘도 어김없이 다락방에서 엉뚱한 발명품을

구상하고 있는 중이다. 아인은 낡은 안경테를 만지작거리며 고개를 갸웃거렸다.

"뭔가 특별한 것이 없을까? 음……."

딱히 떠오르는 것이 없자 아인은 자리에서 일어나 창문을 열고 하늘을 바라보았다. 기지개를 펴고 눈부신 태양을 쳐다보는데 멀리 백화점에서 세일을 알리는 큰 풍선이 하늘에 떠 있었다.

"이야~ 저 풍선 무지하게 크다!"

순간 아인의 뇌리에 무언가가 떠올랐다.

'좋아! 풍선! 거대한 풍선을 만들어 보는 거야.'

사실 그의 발명품 대부분은 이런 식의 충동적인 발상에서 탄생되어 왔다.

"아빠! 학교 다녀왔습니다."

신디와 매트가 집에 들어왔다. 대답이 없는 것을 보니 역시 아인은 실험에 열중하고 있어 인사를 듣지 못한 듯 보였다. 몇 시간 후, 아인은 쿵쿵 소리를 내며 다락방에서 거실로 내려왔다.

"애들아! 아빠가 오늘 무엇을 발명한 줄 아니? 허허허!"

아빠의 발명품에 전혀 관심이 없는 신디는 텔레비전 프로그램에 더욱 집중했다. 하지만 늘 그랬듯 매트는 정말로 아빠가 무엇을 새르 발명하셨는지가 궁금했다.

"아빠! 이번에는 뭐예요?"

"이번 발명품은 일반 풍선보다 4배 이상 큰 풍선!"

"이야~ 왕 풍선! 너무 멋져요!"

아인의 발명품은 항상 매트에게는 최고의 환호를 받았지만 신디에게는 골치 아픈 고물 취급을 당했다. 호기심 가득한 매트의 눈과 달리 신디의 차가운 눈빛이 네 배로 큰 풍선에 시선이 가 있었다.

"저런 큰 풍선은 뭐에 쓰려고요? 필요도 없는 것 같은데……."

아인은 이에 아랑곳하지 않고 웃으며 말했다.

"언젠가는 쓸모가 있겠지. 허허허!"

머리를 긁적이며 아빠는 다시 다락방으로 올라갔다.

"야! 도도신디! 네가 아무리 도도해도 그렇지, 아빠가

어렵게 발명하신 건데 꼭 그렇게 말을 해야 해?"

매트는 용기를 내어 신디에게 화를 냈다. 하지만 신디는 매트의 말을 지나가던 강아지의 울음 소리보다도 더 못한 듯 무시했다.

"으악!"

신디는 갑자기 소리를 쳤다. 매트는 겁을 먹었다. 자신을 금방이라도 한 대 때릴 것 같았다.

"뭐, 뭐야. 왜 갑자기 소리를 질러!"

"숙제해야 하는데 책을 학교에 두고 왔어. 으휴⋯⋯."

"완벽한 척은 혼자 다하더니 칠칠치 못하기는⋯⋯ 내 것 빌려줄까?"

그러나 매트에게 도움을 받을 신디가 아니었다.

"됐어! 쳇! 가서 가져오면 되지!"

"학교에 아무도 없을 거야. 근데 귀신은 있을 걸? 귀신이 나오면⋯⋯ 흐흐흐!"

신디는 일어서서 나가려던 참에 매트의 이야기가 신경이 쓰였다. 쌀쌀맞고 냉정한 신디도 귀신은 무서웠다. 특히 학교라는 장소는 항상 밤이면 귀신이 나타난다는 소문이 있는 곳이다. 신디는 뒤를 돌아보며 말했다.

"야! 따라와!"

"왜? 무섭냐? 남자애들 열둘은 충분히 때리면서 귀신은 무서운가 보네. 얼레리 꼴레리~"

"생각해 보니까 나처럼 예쁜 애가 저녁에 혼자 돌아다니는 건 너무 위험한 것 같아!"

"웃기시네! 무슨……. 그냥 무서우니까 같이 가 달라고 말씀하시지!"

신디의 굳은 표정과 눈빛은 날카롭기가 칼날보다 더했다.

"너 맞고 갈래? 그냥 갈래?"

매트는 웃음을 멈추고 조용히 신디를 따라 나섰다. 그리고 학교에 도착하여 신디가 책을 가지고 나오는 그때, 운동장에서 무언가 하얀 물체가 움직이기 시작했다.

"으악!"

신디는 소리를 질렀다. 옆에 있던 매트도 덩달아 외쳤다.

"꺄악! 깜짝이야! 너 왜 소리 질러?"

"저……저기 하얀 귀……귀……신……귀신……!"

하얀 물체는 점점 신디와 매트에게 다가왔다. 천하의 도도쟁이 신디도 벌벌 떨었다.

"야! 빨리 도망가자!"

매트는 꿈쩍도 하지 못하고 있었다.

"어머, 애들아! 호호호!"

"엥?"

하얀 물체는 귀신이 아니었다. 루디 선생님이 헤헤 웃으며 걸어왔다. 신디와 매트는 동시에 안도의 한숨을 내쉬었다.

"선생님, 여기서 뭐하세요?"

"요즘 부쩍 뱃살이 자꾸 찌는 것 같아서 운동 좀 하려고! 오늘 선생님 당직이거든. 호호호. 너희들은 이 시간에 왜 학교에 있어?"

"책을 놓고 가서요."

루디 선생님은 주먹으로 볼록 나온 똥배를 치고 있었다. 신디는 그 옆에서 마치 모델처럼 허리를 강조한 포즈를 취하며 날씬함을 뽐냈다. 매트는 황당한 눈으로 신디를 바라보았다.

"너 거기서 뭐해? 그 포즈는 뭐야?"

"호호호~ 여자라면 저 정도는 되어야죠."

"어머! 너 정말 S라인 몸매를 가졌구나. 부럽다."

신디는 양손을 머리 위로 올리고 더 섹시한 포즈를 취하였다. 매트는 어이없는 표정으로 말했다.

"야야! 너 지금 무지 힘들어 보이거든? 똑바로 서라!"

"뭐? 난 이 자세가 가장 편해. 호호호!"

루디 선생님은 한 손에 줄넘기를 들고 있었다. 신디는 줄넘기를 가지고 온갖 쇼를 다했다.

"선생님, 이거 할 줄 아세요? 호호호~"

"신디야! 너무 멋지다. 선생님도 그거 배우고 싶어!"

루디 선생님은 부러운 듯 신디를 바라보았다. 매트는 순간 좋은 생각이 떠올랐다.

'가만, 풍선을 이용한 다이어트 방법이 있을 텐데……'

매트는 뒤돌아서서 신디 몰래 과학자 사전을 꺼냈다. 그리고 검색창에 '풍선, 다이어트'라고 쳤다. 잠시 뒤 사전에 창이 떴다.

> **풍선을 불면 다이어트가 된다**

'그래. 바로 이거야.'

매트는 아까 바지 주머니에 챙겨 넣었던 아버지의 왕 풍선을 꺼냈다.

"선생님!"

신디의 줄넘기쇼에 푹 빠져 있던 루디 선생님은 매트를 바라보았다.

"응? 매트야, 왜?"

"이거 받으세요."

루디 선생님은 노란색 풍선을 받아 들었다.

"풍선 아니니? 근데 이건 왜?"

"풍선을 크게 불었다가 입구를 열어 조금씩 마신 후에 입구를 다시 잡고 숨을 내쉬세요. 다시 이 과정을 반복하면 뱃살 빼는 데 도움이 될 거예요."

루디 선생님은 매트가 시키는 대로 하였다. 그러자 줄넘기를 내려놓고 숨을 헐떡이며 신디가 한마디 했다.

"무식한 매트! 다이어트는 지방을 태워야 해. 그러려면 빠르게 걷거나, 유산소 운동을 해서 지방이 산소와 활발하게 결합해 타게 해야 한다고. 그 따위 풍선으로 웬 다이어트를 한다는 거야? 너도 설마 루디 선생님 놀리는 거니?"

루디 선생님은 일반 풍선보다 네 배 이상 크기가 큰 풍선을 부느라 얼굴이 빨개졌다.

"신디야. 너도 불어 봐. 정말 살이 빠지는 거 같아."

"저는 더 이상 뺄 살이 없거든요? 호호호~"

매트는 신디를 보고 오른손의 두 번째 손가락을 양 옆으로 흔들면서 위풍당당하게 말했다.

"도도신디! 넌 하나만 알고 둘은 모르는군. 풍선 속의 공기에도 산소가 들어 있어. 이것을 마셨다 내뱉었다를 반복하면 산소가 급격하게 몸 안으로 들어가 몸 속의 지방을 태운단 말이야. 그러니까 매일 조금씩 풍선 다이어트를 하면 한 달 동안 2킬로그램 정도는 충분히 뺄 수 있다고. 쳇! 모르면 가만히 있을 것이지 아는 척은! 누가 누구보고 무식하다는 거야?"

"뭐? 이게 덜 맞았나? 확!"

신디는 주먹을 불끈 쥐었다.

"애들아! 싸우지 마! 그리고 매트야. 고마워. 선생님 풍선 열심히 불어서 꼭 뱃살 뺄게. 호호호~"

루디 선생님은 그날부터 매일같이 열심히 풍선을 불면서 숨을 들이마시고 내뱉기를 반복했다.

다음 날 등굣길에 구급차 한 대가 바쁘게 달려갔다.

"누가 아픈가?"

"어라? 우리 학교로 들어가잖아?"

"앗! 지각이다. 너 때문에 늦었잖아. 뛰어야겠어."

신디와 매트는 지각을 하여 일단 교실로 뛰어 들어갔다.

"삐용삐용~"

학교 운동장으로 구급차가 들어왔다.

"무슨 일이지?"

그때였다. 학교의 소식통인 이기자가 달려오며 말했다.

"야! 큰일 났어! 식당 아줌마가 쓰러지셨대!"

"정말?"

아이들은 식당으로 우르르 몰려갔다. 식당에는 119구급대 아저씨들과 경찰 아저씨들이 이미 와 계셨다. 아줌마는 들것에 실려 나가셨다. 삐죽삐죽 기른 콧털에 가죽으로 된 빵모자를 눌러쓴 주저브 경감은 낡은 수첩에 무언가를 적으며 예리한 눈빛으로 말했다.

"누군가 이 아줌마를 살해하려고 했던 게 틀림없어."

주저브 경감은 어리바리하기로 소문난 주책바가지였다. 신디와 매트는 식당을 둘러보았다. 매트는 바닥에 놓여 있는 산성세정제와 락스를 발견하였다.

'의심스러워……'

매트는 사람들이 없는 곳으로 가 과학자 사전을 꺼냈다.

"싸이언!"

"띠리띠리~ 매트!"

"이것 좀 봐!"

매트는 산성세정제와 락스를 화면에 비추었다. 잠시 깜박거리던 화면에 곧 글자가 하나씩 떠올랐다.

> **산성세정제와 락스가 섞이면 염소 기체가 발생,
> 염소 기체는 독성이 있으므로 조심하기 바람!**

'그렇군! 역시 산성세정제랑 락스가 범인이었어! 빨리 가서 경감 아저씨에게 알려드려야겠어.'

매트는 바로 경감을 찾아가 말을 하였다.

"아저씨! 염소 기체가 문제였어요. 산성세정제와 락스가 섞이면 염소 기체가 발생하거든요? 문제는 염소 기체가 발생하면 독성 때문에 인체에 위험하다는 거예요!"

주저브 경감의 얼굴은 빨갛게 달아올랐다.

"그, 그럴 리가…… 살해하려고 했던 게 아니라고? 아니면 말고…… 쩝!"

옆에 있던 동료 경찰들은 못 들은 척 고개를 절레절레

저었다.

"그럼 결국 이번 사건은 아줌마의 실수로 일어난 사고였구나!"

주방 아줌마는 매우 가난한 분이셔서, 혼자 눕기에도 비좁은 방 한 칸에서 겨우 살아가고 있었다. 아줌마는 자신의 실수로 일어난 사고라서 어떤 보상도 받지 못하고 병원비 걱정에 자꾸 퇴원을 하려고 했다. 병문안을 간 매트와 신디는 그런 아줌가를 말렸다.

"아줌마! 아직 퇴원하시면 안 된대요."

"일주일은 입원하셔야 한다던데……."

아줌마는 눈물을 흘리며 말했다.

"내가 이렇게 병원에서 쉴 틈이 없단다. 빨리 돈을 벌어야 하는데 병원비는 계속 쌓이고…… 흑흑흑!"

매트와 신디는 집으로 돌아가 아빠 아인에게 말하였다.

"아빠. 학교 주방 아줌마가 너무 불쌍해요."

"우리가 도와 줄 방법이 없을까요?"

아인은 모처럼 마음이 맞은 쌍둥이가 기특했다.

"웬일로 우리 매트와 신디가 마음이 꼭 맞았지? 허허허! 너희들이 착한 일을 한다는데 이 아빠가 가만히 앉아 있을 수는 없지!"

세 식구는 밤새 회의를 하였다.

"아빠! 우리가 병원비를 내 드리겠다고 하면 아줌마가 부담스러워 하실 것 같아요."

"맞아! 아줌마가 부담 없이 우리 도움을 받으실 수 있는 방법은 없을까?"

아인은 무릎을 탁 치며 말했다.

"그래! 바로 이거야! 얘들아! '1일 주스 하우스'를 여는 건 어떨까? 아줌마를 돕기 위한 자선 이벤트로 말이야!"

"이야~ 역시 아빠예요! 하하하!"

항상 아빠를 신봉하는 매트는 웃으며 말했다.

"뭐, 괜찮겠네요."

신디도 이번에는 동의를 했다.

"근데 홍보는 어떻게 하죠?"

"음…… 학교 주변의 마을 사람들에게 직접 만든 전단지를 나누어 주는 건 어떨까?"

매트와 신디는 입을 모아 대답했다.

"좋은 생각 같아요!"

다음날 학교 아이들은 모두 힘을 모아 전단지를 나누어 주고 포스터를 붙였다.

며칠 후, 학교 강당에는 '1일 주스 하우스'라고 써 놓은 플래카드가 붙었다. 반 아이들과 루디 선생님도 매트와 신디를 도와주기로 했다.

"애들아! 선생님은 우리 반 아이들이 이렇게 좋은 일에 앞장서서 기분이 정말 좋단다."

루디 선생님은 감동의 눈물을 글썽였다. 아이들은 고개를 설레설레 저었다.

"또 시작이다…… 감동의 눈물바다!"

행사 당일. 홍보를 열심히 한 결과 많은 사람들이 강당에 몰려왔다. 그런데 아인이 보이지 않았다.

"매트! 아빠는 어디 계시는 거야? 아까부터 안 보이시는 것 같아."

신디가 매트에게 물었다.

"중요한 손님을 모시고 오시겠다고 하시면서 어디론가 가셨어."

"중요한 손님? 혹시, 수잔 아줌마?"

그때였다. 강당 문으로 수잔 아줌마와 아인이 들어왔다.

"하하하! 수잔 여사! 와 줘서 고마워요! 하하하!"

하얀 원피스를 차려입고 챙이 넓은 공주 모자를 쓴 수잔은 강당을 둘러보았다.

"어머, 사람들이 정말 많네요. 나도 주방 아줌마를 돕기 위해서 온 거니까 아인이 고마워할 필요는 없어요!"

딱 부러진 말투의 수잔은 여전히 도도했다. 아인은 이번 기회에 수잔에게 점수를 따기 위해 칵테일을 만들어 주기로 했다.

"수잔 여사! 잠깐만 기다려 줄래요? 하하하!"

잠시 후, 아인은 수잔에게 칵테일 한 잔을 갖다 주었다.

조그만 건포도가 기포를 타고 오르락내리락하는 환상적인 모습에 수잔은 조금 감동했다.

"어머! 신기하네요."

"수잔 여사! 이 칵테일의 이름은 '아인 오브 러브'예요! 수잔 여사를 향한 저의 마음이라고나 할까요? 하하하!"

수잔은 호들갑을 떠는 아인을 바라보며 말했다.

"으흠. 이건 어떻게 만든 거예요?"

아인은 느끼한 미소를 띠며 말했다.

"그건 비밀이랍니다. 사랑의 마술이라고나 할까요? 하하하!"

두 사람의 대화를 듣고 있던 매트와 신디는 닭살이 돋을 것 같았다.

"아빠 정말 왜 저러셔? 아줌마도 싫지만 아빠 저러실 때는 정말이지 마음에 안 들어!"

신디는 삐친 듯 다른 곳으로 걸어갔다. 순간 수잔 아줌마처럼 아빠가 만든 칵테일의 비밀이 궁금해진 매트는 사람들이 정신없는 틈을 타 과학자 사전을 꺼내었다.

"싸이언!"

"띠리띠리~ 안녕, 매트! 무슨 일이야?"

"자, 이걸 봐!"

매트는 아인이 만든 칵테일을 보여 주었다.

"띠리띠리~ 아하! 프리스틀리가 설명해 주면 되겠군. 기다려. 띠리띠리~"

화면이 어두워졌다가 빛이 번쩍 나더니 프리스틀리가 나왔다.

> 칵테일에는 이산화탄소 기체가 들어 있는데 이 기체는 물에 잘 녹지 않아 위로 떠올라 밖으로 빠져나가지. 그런데 건포도를 넣으면 건포도에 이산화탄소가 달라붙어 위로 올라가다가 기포가 터지면서 건포도가 다시 무거워져 아래로 내려가고, 다시 이산화탄소가 달라붙어 위로 올라가고, 다시 기포가 터지면서 내려오고…… 이런 원리로 건포도가 오르락내리락하게 되는 거란다.

프리스틀리는 매트가 고개를 끄덕이자 사라졌다.

"아빠가 만든 칵테일의 비밀이 그거였구나. 호호호!"

아인은 수잔에게 잘 보이기 위하여 주방으로 데려갔다.

"여기 막 들어와도 되요?"

호기심이 많은 수잔은 아인을 따라 주방으로 들어오며 말했다.

"제가 수잔 여사에게 세상에서 가장 맛있는 과일 주스를 선물하겠습니다. 직접 만드는 모습을 보여 드리려고요! 하하하-"

"우와~"

수잔도 아인에게 호감이 생기기 시작했다. 그런데 아인이 수잔에게 페트병을 건네 주었을 때, 페트병이 갑자기 폭발하고 말았다.

"으악!"

주스는 수잔의 하얀 원피스와 모자는 물론 온 몸에 흘러내렸다. 화가 머리끝까지 난 수잔은 부르르 떨며 소리쳤다.

"아인!!!!!!!!!!!!!!!!"

아인은 수건을 들고 어쩔 줄 몰라 하며 수잔의 옷에 묻은 주스를 닦으려 했다.

"저리 비켜요! 쳇!"

수잔은 아인을 밀치고 강당을 빠져나갔다.

"수잔 여사!"

아인은 수잔을 애타게 불렀지만 꼴이 엉망이 된 수잔은 못 들은 척 뒤도 한 번 돌아보지 않았다. 이를 지켜본 매트와 신디는 한숨을 푹 쉬었다.

"내가 저렇게 될 줄 알았어! 아빠는 내숭쟁이 수잔 아줌마가 뭐가 좋다고……."

신디는 톡 쏘듯 말했다. 반면 매트는 안타까워하며 말했다.

"아빠가 너무 불쌍해. 잘나간다 했는데…… 으휴……."

매트는 다시 과학자 사전을 열었다.

"싸이언, 이걸 좀 봐!"

방금 전의 상황을 보여 주자 이번에도 프리스틀리가 화면에 다시 나왔다.

> 매트 군! 또 나를 불렀군. 과일 주스는 공기 중의 미생물들이 아주 좋아해. 그리고 온도가 올라가면 미생물들은 더욱 활발하게 움직이지. 이 미생물들이 주스병 안에서 발효하면 이산화탄소가 많이 만들어지거든. 미생물 때문에 이산화탄소가 점점 많아지니까 페트병은 그 압력으로 폭발하게 된 거야.

매트는 고개를 끄덕거렸다.
'그런 거였구나. 불쌍한 우리 아빠……'

아인은 기가 푹 죽어서는 아무런 말도 하지 않고, 행사 내내 주스만 만들었다.
'오늘은 우리 수잔 여사에게 점수를 딸 수 있었는데…… 흑흑흑…… 수잔 여사!'
그날, 1일 주스 하우스 이벤트는 성공리에 막을 내렸다. 아인은 신디와 매트를 데리고 병원으로 갔다. 신디와 매트가 대표로 수익금을 주방 아줌마에게 전했다.

"내가 이런 돈을 받아도 될지……."

"아줌마를 위해서 학교 친구들과 마을 사람들 모두가 마음을 모았어요. 정당하게 번 돈이니까 부담스러워하지 마시고 받으세요. 그리고 빨리 완쾌하세요!"

"고맙구나. 신디야, 매트야…… 그리고 아인 박사님, 감사합니다."

아줌마는 고마움의 눈물을 흘리셨다. 신디도 마음이 찡하여 눈물이 흘렀다. 병원에서 집으로 돌아오는 길에 매트는 싱글벙글 웃었다.

"야! 너 아까부터 왜 그렇게 실없는 애처럼 웃어?"

"그냥."

"쳇. 웃지 마!"

"왜?"

"기분 나빠!"

신디는 빠른 걸음으로 앞으로 걸어갔다. 매트는 신디를 따라가며 말했다.

"어이~ 도도신크 씨! 너 아까 아줌마 우실 때 너도 울었지?"

"쳇! 난 안 울어! 그냥 눈에 뭐가 들어갔을 뿐이야!"

"치이! 닭똥 같은 눈물을 뚝뚝 흘리시던데? 센 척은 다 하면서…… 너도 여자는 여자인가 보다?"

"뭐? 그럼 내가 남자였냐?"

"조금…… 호호호~"

"너 오랜만에 한 대만 맞자!"

매트는 잽싸게 도망가기 시작했다. 신디는 그런 매트를 쫓아 달렸다. 아인은 아옹다옹하는 쌍둥이 남매의 모습을 보고 흐뭇해했다.

'귀여운 것들…… 내가 애들은 참 잘 키웠어! 하하하!'

아줌마는 1주일 뒤에 건강한 모습으로 다시 학교로 돌아오셨다.

이 책에 나오는 과학자들

슈탈 ★ Georg Ernst Stahl, 1660.10.21~1734.5.14
독일의 의학자이자 화학자인 슈탈은 1707년 자신의 저서 『의학 진정설』을 발표하였고, 플로지스톤이 빠져나가는 것으로 연소를 설명하여 플로지스톤설을 처음 주장하였다.

캐번디시 ★ Henry Cavendish, 1731.10.10~1810.2.24
영국의 물리학자이자 화학자인 캐번디시는 공기에 대한 실험과 수소의 발견으로 유명하다. 그는 또한 쿨롱보다 먼저 전기력이 거리의 제곱에 반비례한다는 법칙을 알아내기도 하였다.

러더퍼드 ★ Daniel Rutherford, 1749.11.3~1819.11.15
에든버러대학에서 의학공부를 마치고, 이산화탄소를 발견한 블랙에게 화학을 배웠다. 그는 공기를 이루는 성분 중 연소에 도움이 되지 않는 물질을 연구해 1772년 학위논문으로 제출했는데 이것이 바로 질소의 발견이다.

프리스틀리 ★ Joseph Priestley, 1733.3.13~1804.2.6

영국 리즈 근교의 필드헤드에서 태어났다. 1767년에 『전기의 역사』를 저술하였다. 또한 그는 식물의 호흡에 관해 연구했고, 1771년에는 물이 수소와 산소로 이루어져 있다는 것을 처음 발견했다. 또한 1772년에는 이산화탄소를 물에 녹인 탄산수를 발견하고 1774년 렌즈로 빛을 모아 산화수은을 태워 산소를 발견했다.

셸레 ★ Karl Wilhelm Scheele, 1742.12.9~1786.5.21

스웨덴 슈트랄즌트에서 태어난 셸레는 14세 때부터 약국에서 약제사의 조수로 일하다가 스스로 화학을 공부해 1772년 공기와 연소에 관한 실험에서 산소를 발견하였으나 출판이 되지 않아 산소의 발견자 자리를 프리스틀리에게 빼앗겼다. 그는 1774년에 염소를 발견한 것을 비롯하여, 뼈를 태워 얻은 재에서 인을 분리해 냈다.

라부아지에 ★ Antoine Laurent Lavoisier, 1743.8.26~1794.5.8

질량불변의 법칙으로 플로지스톤 이론이 틀렸다는 것을 입증한 위대한 화학자 라부아지에는 어릴 때부터 과학의 다방면에 관심을 보여 수학, 천문학, 식물학, 광물학, 기상학과 화학을 공부했다. 1787년 출간된 『화학명명법』에서 화합물의 명명 체계를 완성했고, 1789년에 쓴 『화학개요』에서는 화학 반응 전후에 물질이 보존된다는 질량보존의 법칙을 내놓았다.

베도스 ★ Thomas Lovell Beddoes, 1803.6.30~1849.1.26
영국 클리프턴에서 태어난 베도스는 옥스퍼드대학을 졸업하고 독일에서 의사 생활을 하던 중 웃음가스를 마취약으로 사용하여 환자들을 치료하였다.

헬몬트 ★ Jan Baptista van Helmont, 1579.1.12~1644.12.30
벨기에의 브뤼셀에서 태어난 헬몬트는 1599년 루뱅의 대학에서 신학과 의학을 공부한 후 화학실험에 전념하고 스스로를 '불의 철학자'라 불렀다. 그는 석탄의 연소, 맥주의 발효 등을 실험하였고 이산화탄소, 아황산가스 등을 발견하였다.

발라르 ★ Antoine Jérome Balard 1802.9.30~1876. 3.30
프랑스 몽펠리에에서 태어난 발라르는 몽펠리에의 약학학교를 다니고 1834년 몽펠리에대학 화학과 교수가 되었다. 그는 1826년에 해초에 요오드가 얼마나 많이 들어있는가를 조사하다가 브롬을 발견했다.

무아상 ★ Henri Moissan, 1852.9.28~1907.2.20

프랑스 파리에서 태어난 무아상은 파리 자연사박물관의 프레미의 조수가 되어 화학을 공부했다. 파리대학교 교수를 역임한 무아상은 불소를 분리하는 데 성공하여 이 업적으로 1906년 노벨 화학상을 받았다.

레일리 ★ John William Strutt Rayleigh, 1842.11.12~1919.6.30

영국 맬던에서 태어난 레일리는 케임브리지대학을 졸업하고 소리와 빛에 대한 연구를 하여 하늘이 파랗게 보이는 이유를 밝혔고 소리에 관한 교과서인 『음의 이론』을 썼으며 캐번디시연구소장을 역임했다. 그는 램지와 함께 아르곤을 발견하여 노벨 물리학상을 받았다.

램지 ★ William Ramsay, 1852.10.2~1916.7.23

영국 글래스고에서 태어난 램지는 독일 튀빙겐대학을 졸업하고 런던대학교의 화학과 교수가 되었다. 그는 1894년 레일리와 함께 아르곤을 발견하고 라돈 원소가 붕괴될 때 헬륨이 방출된다는 것을 발견하였다. 이러한 업적으로 그는 노벨 화학상을 받았다.

못말리는 과학방송국 2 : 기체 발견의 역사

펴낸날	초판 1쇄 2007년 11월 30일
	초판 4쇄 2013년 11월 7일

지은이 **정완상**
펴낸이 **심만수**
펴낸곳 **(주)살림출판사**
출판등록 1989년 11월 1일 제9-210호

주소 경기도 파주시 문발동 522-1
전화 031-955-1350 팩스 031-624-1356
홈페이지 http://www.sallimbooks.com
이메일 book@sallimbooks.com

ISBN 978-89-522-0744-9 74400
    978-89-522-0742-5 74400(세트)

※ 값은 뒤표지에 있습니다.
※ 잘못 만들어진 책은 구입하신 서점에서 바꾸어 드립니다.